国家出版基金项目
NATIONAL PUBLICATION FOUNDATION

小青之分析

潘光旦◎著

山西出版傳媒集團
山西人民出版社

圖書在版編目(CIP)數據

小青之分析 / 潘光旦著. —太原: 山西人民出版社, 2014.12
(近代名家散佚學術著作叢刊 / 許嘉璐主編)
ISBN 978-7-203-08703-8

Ⅰ. ①小… Ⅱ. ①潘… Ⅲ. ①馮小青—人物研究
Ⅳ. ①K825.6

中國版本圖書館CIP數據核字(2014)第205939號

小青之分析

主　　編　許嘉璐
著　　者　潘光旦
責任編輯　梁晉華

出 版 者　山西出版傳媒集團·山西人民出版社
地　　址　太原市建設南路21號
郵　　編　030012
發行營銷　0351-4922220　4955996　4956039
　　　　　0351-4922127(傳真)　4956038(郵購)
E-mail　sxskcb@163.com　發行部
　　　　　sxskcb@126.com　總編室
網　　址　www.sxskcb.com

經 銷 者　山西出版傳媒集團·山西人民出版社
承 印 廠　山西出版傳媒集團·山西人民印刷有限責任公司

開　　本　700mm×970mm　1/16
印　　張　11.5
字　　數　70千字
印　　數　1—3000册
版　　次　2014年12月　第1版
印　　次　2014年12月　第1次印刷
書　　號　ISBN 978-7-203-08703-8
定　　價　26.00圓

《近代名家散佚學術著作叢刊》編委會

出版説明

近代名家散佚學術著作叢刊選取一九四九年以後未再刊行之近代名家學術著作共一百二十册，編例如次：

一、本叢書遴選之著作在相關學術領域具有一定的代表性，在學術研究方向、方法上獨具特色。

二、爲避免重新排印時出錯，本叢書原本原貌影印出版。影印之底本皆經專家組審定，原書字體大小，排版格式均未做大的改變，原書之序言、附注皆予保留。

三、本叢書分爲八大類，以作者生卒年編次。

四、爲使叢書體例一致，本叢書前言後記均采用繁體字排版。

五、個别頁碼較少的版本，爲方便裝幀和閲讀，進行了合訂。

六、少數學術著作原書内容有個别破損之處，編者以不改變版本内容爲前提，部分進行修補，難以修復之處保留缺損原狀。

七、原版書中個别錯訛之處，皆照原樣影印，未做修改。

八、所選版本之抽印本頁碼標注，起始至所終頁碼均照原樣影印，未重新編排標注新頁碼。

由於叢書規模較大，不足之處，殷切期待方家指正。

總序／

披沙瀝金，以爲鏡鑒

◇許嘉璐

多年來有一個問題始終在我腦中盤桓：爲什麽在十九世紀末到二十世紀初，在短短的幾十年裏，中國的各個學術領域竟湧現了那麽多大師級的人物？這是中國近代史上一個極爲重要的現象，我認爲，如果不能給出令人滿意的答案，我們撰寫的近代學術史將是不完整的，甚至是缺乏靈魂的。後來我知道，著名人類學家克羅伯曾提出過一個問題：爲什麽天才成群地來？看來這種現象的出現並非中國所獨有，思考其所以然的也大有人在。而在那一次世紀之交中國的情况，似乎應驗了「天才成群地來」這個令克氏久久不解的疑問。錢學森先生曾從相反的方向提出了相同的疑問：爲什麽我們這個時代出現不了杰出人才？後來人們稱這個問題爲「錢學森之謎」。

要回答這些疑問不是件容易的事。與其迅速地囫圇地探尋，不如先多了解那些讓中國近代學術（應該包括人文科學和自然科學）史上閃耀着光輝的大師們的作品和自述，從而在腦海里盡量「復原」他們所處的環境和在那種環境下的心理路徑，從中或許可以得到一些啓示。

有一點是顯然的，這就是他們雖然都已遠離塵世而去，但是他們獨立思考的品性、求知治學的真誠、困厄窮愁中對節操的堅守，恐怕是他們共同的主觀因素，一直影響到現在，而且將會永遠留存下去。

就思想界、學術界而言，二十世紀上半葉是一個新説和舊説碰撞，中學和西學融匯的大時代。那時的學人極爲重視言行操守，同時具備現代知識分子的理想信念；他們的學術研究十分純净，絶少功利因素；他們的視界開闊，以包容的心態和嚴謹的風格造就了成果的大氣與厚重。至於在客觀因素一面，他們實際是在用工業化時代的事實解説着太史公所説的名山之作「大抵聖賢發憤之所爲作」，困厄苦難使得他們「皆意有所鬱結」。這種鬱結，幾乎和個人的名利毫無牽涉，他們永遠不能釋懷的，是民族的存亡、國運的興衰、民衆的福禍和文脈的續斷。

那個時代也是近代歷史上最大規模的中西古今學術調適、創新的時期，學術方法上的交互滲透和融合、創新亦可謂「於斯爲盛」。斯時之學人是要在封閉的屋墻上鑿出窗子的勇士，是使人能够看看外部世界的第一批導夫先路者；或者可以説，他們是在「意有所鬱結」時「彷徨」和「吶喊」的「狂人」。

相對於那時的哲人們，後來者是幸運兒。現在的形勢是，近三十年來學界空前繁榮，衆多學科有了長足之進，其中很重要的一點是學界有了更新穎、更廣闊的國際視野，似乎接續上了百年前的學壇盛事。但細想想，「古」與「今」還是有差別的。其异，主要不在於世界情勢、學術進展、工具改善這些客觀存在，而在於在廣泛吸收各國優長的同時，自身文化的主體性越來越受到重視，換言之，「拿來主義」已經延長了「拿來」的程序，加上了試用、甄別、篩選、吸收、融合、成長。就我孤陋所見，在當今地球上，面向所有異質文明，努力汲取我之所缺，其範圍之大和心態之切，似乎無出中國之右者。從這個角度説，我們已經超越了前輩。但是事情還有另外一面，學術，特別是人文學科，其職業化、「沙龍化」和功利性，以及隨之而來的浮躁病却嚴重了。從這個角度説，是不是我們已經後退得够可以的了？而這是不是我們這個時代出不了大師的原因之一呢？

民國學術界的特點之一是極爲注重對傳統的反省、批判與繼承。他們對傳統文化盡最大的努力進行整理和研究。一方面，由於戰亂頻仍，民不聊生，學者們擔起了讓中華文化薪火相傳的歷史責任；另一方面，他們要通過對中國傳統文化的整理、挖掘來重振民族自信心。這一時期對傳統文化進行整理的全面而深入是前所未有的，舉凡文字學、語言學、經濟學、法學、哲學、政治制度、書法繪畫、金石學……規模之宏大，研究之精微，令人嘆爲觀止。

民國學術推動了現代學科體系的建立。在對傳統文化整理和研究的基礎上，吸收西方的文化思想和理念，推動和建立了中國現代學科體系。例如，在對語言文字和音韻學成果進行整理、研究的基礎上開始着手規範之，建立了國語學；深入研究書法、國畫，將其融入了現代美術學科；在廢除舊有學制後逐步建立起小、中、大學較完整的科目和學科體系。

民國學術也改變了傳統學術方式，建立了新的研究範式。以現代科學考古爲發端，科研的實踐和成果使中國知識界真正認識到在實驗、比較基礎上的邏輯分析對學術研究的重要，推進了中國學術的一大演變。至於我們常説的打破士大夫傳統、走出書齋到田野鄉村和市民中進行調查研究、結束了經學時代、以歷史眼光檢視儒學和諸子等等，都是確立新學術範式的努力。這一轉變，也標誌着中國學術界脱胎换骨，全面進入了現代，爲此後的學術發展奠定了堅實的基礎。當然，西方啓蒙運動以來，在「現代性」和「現代化」裏潛伏着的缺陷和謬誤也傳到了中國，這些不能不在前哲的著作裏留下痕迹。這並不奇怪。類似的情況，古往今來孰能免之？猶如今天的我們，誰敢自稱我之所見就是永恒的真理？在這個問題上兩個時代所異者，或許就在昔時大家創立新説或譯註西學著作，往往是懷着對學術和前哲的敬畏而爲之，故而常常誤不在我；當今則往往出於對學問和他人的輕蔑，或以所研究的對象爲謀己的工具，因而難辭主觀之咎吧。翻閲他們的心血之作，這些復雜的狀況可以顯見，可以視之爲我們的一面鏡子。

滄海桑田，世事變幻，歷史的動盪和時代的遮蔽，使當年許多大師的一些極有價值的學術著作被棄於故紙堆中，不能不令人有遺珠之憾。爲此，山西人民出版社不惜以數年之艱辛，披沙瀝金，編輯出版這套近代名家散佚學術著作叢刊，凡一百二十册，計文學、史學、政治與法律、美學與文藝理論、民族風俗、宗教與哲學、經濟、語言文獻共八大類別。所選皆爲作者之純學術著作，無論是其見解、精神，抑或是其時代烙印，都是後輩學人可資借鑒的寶貴財富。他們出版這套叢書，意在讓世人不忘來程，知篳路藍縷之不易，爲民族文化的傳承再增薪木。

出版社的初衷，與我近年來所思所慮近似，故願略述淺見於書端，以與策劃者、編輯者和讀者共勉。

二〇一四年七月六日

改定於自安東回京途中

前言

◇趙勇

近代名家散佚學術著作叢刊的「美學與文藝理論」卷所收著作，僅掃描其書名，便可看出它們五花八門，往往指涉着更專門的學科。而把它們歸攏到「美學與文藝理論」的名目之下，我想大概是因爲它們的理論味更濃一些吧。

只是，要爲這一堆或中或西，或論詩或談曲或說戲的書作序，其難度不可謂不大。筆者并非音樂、美術、戲曲等方面的研究專家，只能說是對美學與文藝理論略知一二。於是便只好采用笨辦法，先認真讀書，再查閱相關資料，然後依次寫出一點讀後的感受來。

讓我們先從呂澂先生說起。

呂澂後來是以研究佛學而著稱於世的，但他早年對美學卻頗爲用心。一九一五年留日歸國後，他曾在上海美術專科學校任職兩年，此間結合教學，他便編撰了多種美學、美術著作，計有美學概論、美學淺說、現代美學思潮、西洋美術史、色彩學綱要等（注一）。美學淺說就是他這一時期的研究成果。

美學淺說共四十五頁，可謂一本名副其實的小冊子。作者從「現代的美學和從前的美學」談起，梳理現代美學的源泉，思考現代美學的分歧點和統一點，進而確認何謂美感，何謂藝術品。而最終的落腳點則是「藝術與人生」。

從全書的架構看，作者顯然更看重現代美學。而所謂現代美學，既是從斐赫那（Fechner，今譯費希納）開始、注重經驗事實的實驗美學，也是栗泊士（Lipps，今譯立普斯）等人所開創的心理美學。前者有感於「由上的美學」太懸空，便從基礎的實驗工作做起，重視「黃金截」（Golden Section，今譯「黃金分割」），從而形成了「由下的美學」。而後者則更看重美學的心理學依據——「感情移入」（empathy，今譯「移情」）。可以看出，呂澂對於「感情移入」是極爲重視的，因爲這是他所確認的不同於單純快感的美感之所以發生的基礎所在。而由「感情移入」來區分美醜，進而確認美感和不快感發生的原因，這種思路既偏重心理美學，也讓呂澂成爲中國最早倡導「生命美學」的美學家之一。於是他對藝術品的鑒定，強調的是個體生命的灌注。而他把「美的人生」看作審美的最終歸宿，亦可看作「生命美學」奏出的強音：「藝術和人生祇有一種關係，便是實現『美的人生』。」如何實現這種「美的人生」呢？最重要的方法有二：「第一，啓迪一般人美的感受，發達創作的能力，使他們自覺『美的人生』的必要，能逐漸實現出來。平常所說的『美育』，便有這樣的目的。第二，改革現代的產業組織，助成『美的人生』的實現。」從這些論說看，他的思考與蔡元培的美育思想很接近，而細究下去，恐怕相異之處也不在少數，但這已是一個很專門的話題了。

有研究者指出：「呂澂的美學淺說和現代美學思潮是在德國哲學家、心理學家摩伊曼的『美的態度』基礎上編譯的。」（注二）美學淺說是不是編譯之書，顯然需要做專門的研究，不是我在這裏能夠回答的。我想指出的是，作爲美學學說最早的介紹者和傳播者，美學家們在其研究中大量借用西方學界的研究成果，可能也是當時的一個通例。而這種情況在藝術之本質一書中體現得尤其明顯。

如果不讀到最後一頁，很容易認爲藝術之本質便是一本專著，因爲封面上有「范壽康著」的字樣。但是這本書的末尾卻出現了如下文字：「這一部小書的材料是取諸伊勢專一郎氏的著書。對於伊勢氏特表謝意。」

十三年夏莫干山上編譯者識。」伊勢專一郎是日本的美術史研究專家，著有支那山水畫史：自顧愷之至荆浩等書。而藝術之本質究竟是全部編譯自伊勢氏著作，還是也融入了范壽康本人的感悟理解，就不得而知了。

由於是編譯之作，這本書頗顯得體係完備。全書共八章，除緒論之外，還分別在崇高、優美、感覺美、精神美、悲壯、滑稽與諧謔、醜的名目下展開了專章論述。而每章之下，所論也非常詳盡。以崇高爲例，作者先是在第一節中從量的感情、深的感情、内容與形式之關係和無形式雄大自由四個方面，論述「崇高之一般的形相」，又分別以兩節内容展開「崇高之主要的種類」：恐怖的崇高、戰慄的崇高、凄慘的崇高、沉鬱的崇高和壯麗、嚴肅、壯靜、莊嚴、激情。這種分法很是細膩，顯示着日本學者做學問的特點。另一方面，作者又輔之以相關例證，夾敍夾議，把深奥的美學問題講得通透有趣。

呂澂主要是佛學家，而范壽康則主要是教育家。但他們早年又都介入美學領域，成爲美學理論的譯介者和傳播者。除此之外，他們兩人都曾在日本留學。雖然他們的美學理論多取自西方，但對日本美學界的研究成果多有譯介和借鑒。這也意味着，美學來到中國，除像朱光潛那樣直接從西方引進外，其實還有一條塗徑，那便是繞道日本。

張世禄先生是語言學家、音韵學家，所以在介紹到他的成就時，一般不會提到他早年的這本中國文藝變遷論。然而，即便用今天的眼光看，這本著作的學術價值也是不言而喻的。

據張世禄自己講，他寫此書是想矯正二弊：一弊是，研究中國文藝往往偏重於文藝的體制形式，「而於其内容之變遷如何，其受於時代思潮之影響者如何，其關於文藝本身外之事實如何，則罕有論及。此則不爲統體觀察之過也」。二弊是，「諸述文藝史者，大都僅羅列文學家作品與身世，以實各代史料而已；至於其相互遞嬗交替之關係，與受於時代變化之原因等等，則略而不講。此則缺乏歷史方法之過也」。職是之故，他借用法國學者泰納（Taine）時代、民族、地理三要素，用三十五章的篇幅，直把詩經以來文藝變遷的脈絡、路徑、成因等等論述得風生水起。其史料之翔實，思考之深入，灼見之迭出，令人過目難忘。比如，談及中國古無史詩之原因，他指出，中國不像印度和希臘的地理環境，或土地肥沃，或海闊天空，而是「非勤於操作，不能有獲」，「故其民族心理，常以發揮實踐躬行爲準的；虛無縹渺之思，殆爲先民所罕有」。另一方面，印度、希臘古代有多神觀念，敍述史事亦帶有神話色彩。「吾國偏於實際之人生，此種多神觀念，幾經洗煉蛻變；至有史時代，至高抽象之一神，所謂天道觀念者，已漸確立」。這樣一來，便「寧使文學之爲歷史化，而不容歷史之文學化」。凡此種種，都限制了中國史詩的發生。像這種論說，就頗令人玩味。

也需要指出的是，張世禄畢竟是語言學家，這樣，他看歷朝歷代文藝時，便或隱或顯地帶上了語言學家的眼光，打量出的東西也就不同尋常了。例如，談及漢代詞賦發達之原因，他在羅列「社會之富厚也，民族之強盛也，君主之好尚也，鄉學之發達也」之外，還特意指出了漢賦之盛，與當時小學的發達關係甚密。他特引日本兒島獻吉支那文學史綱的話說：「支那文字，以象形爲基礎；而指事會意形聲皆有一部分之象形。象形與圖畫，只有精粗之异耳，試觀郭璞江賦，通篇文字中以水爲偏旁者，占十之五六。水，象形字也；則滿目滔滔，流三江，注五湖之象，洋溢於紙上。更觀司馬相如之上林賦，篇中敍山者，崇峨崔嵬，嶄巖崛崎等字，皆冠以山。敍魚鳥者，亦如之，皆冠以魚鳥之偏旁。山與魚鳥，皆象形字也；故一篇文字，全體生動，善寫高山絕峯，峻極於天之雄勢；易使人想見鳥飛天魚躍淵之活境。皆於文字之構造，含有圖畫性質之所致。」由此可見，漢大賦之所以鋪張揚厲，雄偉壯觀，文字的鋪排也在其中扮演了重要角色。

談及宋詞時，中國文藝變遷論曾用短短一章内容論述其淵源與派別，而宋詩卻只字未提。這也難怪，因爲宋詩并非宋朝文學之主潮。但梁昆先生卻寫出了厚厚的一本宋詩派別論。在他的筆下，宋詩的各門各派一下子顯得條分縷析了。

梁崑開門見山地指出：「詩之有派別始於宋。欲論宋詩，不可不知其派別：蓋一派有一派之方法，一派有一派之習尚，一派有一派之長短，一派有一派之宗主。凡派別同者，其詩之方法同，習尚同，長短同，宗主同；苟不知其派別之異，徒執其一，以概其餘，曰宋詩云云，宋詩云乎哉？」正是意識到了派別在品評、鑒賞、分析、論說宋詩當中的重要性，梁崑便把宋詩各派做了詳細的歸類，區分出十一種之多，計有：香山派、晚唐派、西崑派、昌黎派、荊公派、東坡派、江西派、四靈派、江湖派、理學派和晚宋派。而每一派別，作者又大致遵循如下體例，分而述之：先是「小傳」，把某派中詩人群體之簡歷一一列出，并附有當時或其後對其詩歌的評論；接着是「宗主」，指出某派所法者何人，述其師承淵源關係；然後又是「習尚」，泛論某派詩歌的詩風、格調和藝術好尚；最後是「批評」，概括出某派詩歌的優劣、得失和短長。這樣一來，各詩派的方方面面就呈現得眉目清晰了。

比如，論及東坡派時，作者先把蘇軾、秦觀、張耒、晁補之、文同、孔文仲、唐庚等詩人的情況詳加敍述，然後考辨其宗主：「蘇派固無所專主，然必各受東坡影響；東坡固亦無所專主，然必對古詩家有所宗仰。」而在梳理前人六說的基礎上，他又特別指出：「竊忖度之：蓋東坡高才大力，無所不舉，無所不好，然早年在蜀學白樂天，中年入洛，出入歐公之門，受其薰染甚深……歐公詩體宗韓愈，故公中年詩亦學韓，晚年南謫惠州，始喜陶淵明……」通過這一番辨析，蘇軾之詩受何人影響才算是水落石出。言及習尚，作者認爲歐派習尚即東坡派之習尚，於是，在「重意」、「好述事」的層面兩派相同。但兩派雖然都「主氣」，「歐陽派是氣格，含有力氣而拘定一格之意，故極力欲其詩之爲奇怪奔險雄豪；東坡派是才氣，不含力氣之意，故任人之才氣求詞達而已，不欲限使趨於一體或加力爲之，以成奇怪奔險雄豪也。」這種辨析十分精細，道出了兩派在「氣」上的微妙之處。至於「批評」，作者認爲東坡詩派有一長四短：長在於「解放詩格」，「四短者何？一曰以文爲詩，二曰議論，三曰好盡，四曰粗率」。

實際上，這部書最有看頭之處應該便是「批評」部分的文字，因爲那裏正是作者的用武之地，所褒所貶頗見功力。也正因爲這部書對宋詩派別的評説頗下功夫，今天看來，其學術價值依然不容低估。有學者指出：「梁崑的宋詩派別論，是一部專門從流派入手研究宋詩的力作。……雖有泛流派的傾向，流派劃分的標準也不統一，甚至有些名目失當，但仍有借鑒意義。」（注三）

宋壽昌先生的中西音樂發達概況實際上是一本科普讀物，正如本書「卷頭語」中所言：「本書編輯的目的，在供給愛好音樂者具有音樂史的普通知識，故所述清晰而揭要，極易得到係統的領悟。」大概正是出於這一目的，這本書寫得提綱挈領，要言不繁，但又描摹出了中西音樂發展的綫索。例如，關於音樂效果，作者首先在三方面加以總結：「其一、是把音樂當做一種娛樂，用以調節疲勞，慰娛精神；這活動在音樂的效果中爲最普通。其二、以音樂作爲教化的工具，用它來陶冶性情，轉移人心，以收潛移默化的功效；由這活動所生的效果，便是所謂道德的效果。其三、音樂從生活中反映出來，進一步而作神的表現時，就成了音樂的宗教活動。」在此基礎上，他進一步指出：「我國的音樂，向來側重於上述第二方面的道德效果，這事實我們證之於各時代的史實，歷歷可考。」「中國音樂因爲以道德的效果爲中心，所以處處和政治發生密切的關係。像歷代國勢的盛衰，天下的治亂，以及帝王的文德武功，都象徵於音律中間。」有了這樣一個中心思想，作者便歷數各朝各代音樂與政治的關係，雅樂與俗樂的此消彼長，樂器的進化和演變。整個看來，此書的上半部分便成了一部中國音樂簡史。

下半部分作者特別指出，這本書并非音樂的「樂譜史」、「器樂史」、「樂制史」與「樂曲史」，而無非是想介紹一些音樂常識，爲欣賞名曲做些準備。職是之故，作者雖然以「原始時代的音樂」、「上古時期的音樂」、「中世紀的音樂」、「近世的音樂」和「現代音樂」五個部分展開論述，但音樂家的地位凸顯出來了。如談到德國的浪漫派音樂時，作者分別分析了修裴爾德（Franz Schubert，今譯舒伯特）、韋白（Kerd Maira von Weber，今譯韋伯）、孟德爾仲（Felix Mendelssohn Bartholdy，今譯門德爾鬆）和修茫（Robert Schumann，舒曼）的音樂特點，浪漫派音樂重內容感情，重個性表現的音樂風格也因此較詳盡地呈現在讀者面前。通過這種寫法，我們似也約略感受到了中西音樂的一點不同：中國的音樂源遠流長，但音樂家卻寥若晨星，而談及西方的音樂，許許多多的音樂家及其作品便撲面而來，那麼，究竟該如何解讀這一現象呢？

看來，我們得琢磨一下陰法魯先生的說法了。他曾指出：「孤立的音樂研究很難做好，研究音樂需要豐富的知識，尤其是歷史社會知識。研究音樂應該加上文化二字，音樂文化內涵豐富，除音樂本身之外，凡是與音樂有關的內容，都是音樂文化研究的範圍。」（注四）正是在這一意義上，我們應該把他的唐宋大曲之來源及其組織看作一本音樂文化研究著作，它所涉及的東西也遠遠大於一般的音樂研究。

據陰法魯先生說，他進入這一研究領域與導師羅庸和楊振聲二教授的指導密不可分。民國二十八年秋，他入北京大學研究院，兩位導師讓他研究「詞之起源及其演變」，并強調研究詞史要從「樂曲之見地，溯其淵源，明其體變」。「此時我開始接觸一些古代音樂，起初我不懂音樂，通過有關古代音樂的記載，越來越體會到羅先生所說『古代韵文是由於唱才發展起來的，唱是普遍的』這話是對的，用這種觀點可以解釋很多文學史上的問題。」（注五）而在本書中，作者也如此寫道：

爲統計及分析當時之詞調，曾先後纂輯「詞調長編」及「樂調長編」兩種。前者著錄詞調八百餘，後者著錄樂調兩千曲。從事既久，頗有所得。乃就各個詞調歸納門類，如何者屬於大曲，何者屬於雜曲等，先辨識清晰，然後分别逆溯其源，而由源返顧，復順推其流。如是，則詞調之來歷及其變遷，詞體之形成及其繁衍，庶皆可暢言其詳矣。顧燕樂中有大曲一種，每曲由十餘樂章組成，結構頗爲復雜。共爲唐代之梨園法部所用者，謂之「法曲」；如僅截取其後半部分，則稱爲「曲破」。故法曲與曲破皆可歸屬於大曲。大曲盛行於唐宋而爲兩代音樂最高之典制。其影響所及，不惟産生若幹詞調曲調，即宋之雜劇，金之院本，元之雜劇亦莫不沿承其餘緒。其在文學史上所居地位之重要，可想而知。

這段文字既講治學心得，亦談路徑方法，順便也解釋了「法曲」、「曲破」和「大曲」幾個專有名詞，很值得玩味。沿着這種思路，作者遍搜唐宋大曲史料，分析大曲産生之背景，考訂大曲淵源及曲名，辨析大曲之結構，活兒做得是極爲精細的。查閲研究唐宋大曲的相關論文，發現許多人依然把這本書作爲重要的參考資料，可見其價值之大。而此書只是在一九四八年出過一個油印本，覓之不得。此次出版，實爲音樂研究界和文學研究界的福音。

還有一本書也涉及「組織」，這便是齊如山先生的中國劇之組織。所謂「中國劇」，書中「凡例」處解釋爲「大致以北京現風行皮黃爲本位」。而所謂「皮黃」，即現在的京劇，因京劇的腔調以西皮、二黃爲主，故有「皮黃」之稱。關於此書，有研究者曾指出：「他寫中國劇之組織的初衷是向外國人介紹中國戲曲藝術，以便服務於梅蘭芳訪日、訪美演出。此書幾乎涉及了作爲綜合性舞臺表演藝術的戲曲的所有方面，齊如山後來的許多重要理論都萌芽於此書，所以此書是齊如山戲曲理論的一個總綱。」（注六）大概正是因爲此書「備譯爲西文，俾外賓知中劇之塗徑」，故作者分爲八章，在唱白、動作、衣服、盔帽靴鞋、鬍鬚、臉譜、切末物件、音樂等名目下分而述之，而每一名目，又進一步細分論述，或詳或略，可以說是把京劇中所涉及的東西一網打盡了。筆者以爲，這種書實可稱爲京劇寶典，內行人可看出門道，外行人也看得熱鬧，因爲它普及了京劇知識。茲舉一例：

談及「背供」時，作者先是解釋：「背供者，背人供招也，係背人自道心事之意。兩人或數人，說話之時，其中一人，心内偶有感觸，便用神色表現，以便台下知曉（在真人，亦一定有此情形）。若感觸之情節復雜，全靠神色表現，不易充足，則用白或唱，暗行說出。故打背供時，須用袖遮隔，或往台旁走幾步，都是表示不使台上他人知道的意思。但有時一人場上歌唱，或說白，亦是自述心事之義，與背供意義，大致相同，不得目爲無故自言自語也。」這種解釋，已把背供的意思解釋得一清二楚，更重要的是，作者又加一按語，有了延伸思考：

按背供一事，亦爲中國劇之特點，東西洋各國戲劇皆無之。亦爲研究西劇者所不滿。惟鄙人則以爲當年研究發明出此種辦法來，寔爲中國劇特優之點。何也？因戲劇一有背供，則省卻無數筆墨，省卻無數烘托，而添出許多情趣。再者，西洋劇亦有一人在場上，自言一二語之時，而真人亦恒有自言自語之時。其背供之來源，大致即由於此。况西洋歌劇，往往一人在台上自歌自唱，試問此係對何人說話？不過背供之義耳。

這種思考在中西劇的對比中確認京劇背供之優，很有道理，也讓我想起了沙家浜·智鬥一場戲中對背供的改動。（注七）這意味着即便是革命現代京劇，背供也是必不可少的。不僅此也，而且還要在背供上狠下功夫，由此可見背供在京劇中的重要地位。

王鈞初先生後來以胡蠻爲筆名行世，筆名的名氣也就遮蓋了本名（他原名王洪，字鈞初），（注八）但中國美術的演變卻是以其本名面世的。據研究者統計，民國時期，不少學者都寫有中國美術或繪畫史之類的著作，計有近二十部之多，（注九）那麼，中國美術的演變在這些著作究竟具有怎樣的特色呢？應該是運用唯物史觀的基本原理，首開了馬克思主義美術史的先河。而之所以如此，又與他的特殊經歷有關。有研究者梳理，王鈞初一九二九年從國立北平藝術學院西畫科畢業後，東渡日本考察藝術，接觸過一些革命美術家，訪問過日本左翼美術家聯盟。一九三〇年冬，他加入「美術家左翼聯盟」，并以「藝術起源於勞動」爲主題做過演講。不久又閱讀蘇聯伏裏契的藝術社會學和馬恩列斯的譯本著作。（注十）所有這些，都讓他的美術著作打上了唯物史觀和左翼的烙印。例如，他認爲「綫」的藝術和「色」的藝術的起源，是同時從勞動中生發而來的。前者是由於「尖骨器」的使用，後者則是因爲「火」的啓發和生理上感官的遺傳。像這種論述和判斷，沒有唯物史觀的原理做支撑，是斷然寫不出來的。而至二十世紀四十年代王鈞初寫中國美術史時，他更是依托在延安文藝座談會上的講話精神，歷史唯物主義的原理運用得更自覺也更嫻熟了。有論者指出，王鈞初的中國美術的演變與中國美術史聯係緊密，後者可看作對前者的發展和深化。其研究特點概括有三：一、在美術起源問題上，打破了傳統的神話史觀、英雄史觀，提出了藝術（美術）起源於勞動說。二、在影響美術發展的各種外部因素上，強調了經濟基礎的決定性作用。三、在美術創造動力論上，堅持以人民爲本位的思想。（注十一）單單驗之於中國美術的演變一書，這種概括也是可以成立的。

此書凡二十一章，每章標題一正一副。即便以今天的眼光看，這些題目也起得頗有新意，是很能吸引眼球的。如「藝術起源的烟幕——一些荒誕不經的傳說」，「從武器到食器——從狩獵生活到農業生活」，「鐵的火花與奴隸的血汗——伴着工具的發展而來的文明曙光」，「漆，簡，筆，紙，磚頭，瓦片——自然條件，生產條件與社會生活之綜合的形態」，「藝術聖人與民間藝術——從魯班，吳道子，説到樣子雷，畫丁，劉藍塑」等等，即可一見端倪。而全書行文活潑，其語調則不時顯露出革命美術家的一些霸氣，亦可看作此書的文風特色。

最後，我要談一談潘光旦先生的小青之分析了。書中所謂的小青即馮小青，是明朝末年的年輕女子。其風姿綽約，才華出衆。但下嫁馮生做妾後，大婦奇妒，便把小青打發到了孤山佛舍。小青遂鬱鬱寡歡，以泪洗面，「輒臨池自照，好與影語，絮絮如問答，人見輒止」。後一病不起，死時年僅十八歲。小青死後，爲她立傳者不少，其作品（古詩一首，七絶十首，天仙子詞一首和寄楊夫人書一封）亦被人編輯成集，定名焚餘。她的生平事迹也被改編成故事，寫成劇本，搬上了舞臺。一九二二年，時在清華讀書的潘光旦修讀梁啓超先生的中國五千年歷史鳥瞰之課程，課程結束時他提交馮小青考，以爲作業。梁啓超讀後大爲贊賞。其後，馮小青考發表於一九二四年的婦女雜志上。一九二七年，他又對馮小青考加工修訂，易名爲小青之分析，由新月書店出版。一九二九年再版時，復改書名爲馮小青——一件影戀之研究。（注十二）

潘光旦對馮小青現象窮盡各種資料，反復考查，其研究用意何在？其研究結果如何？應該主要體現在以下兩個方面：一、「小青生平事蹟甚離奇，亦甚哀艷；前人知其然，而不識其所以然，於是羣疑其僞託，以爲絶無其人。」而通過其考證，他認爲小青實有其人，其事蹟并非憑空虛構。二、更重要的是，他使用了新研究方法，得出了與前人完全不同的結論：「小青適馮之年齡，性發育本未完全；及受重大之打擊，而無以應付，慾性之流乃循發育之塗徑而倒退，其最大部分至自我戀之段落而中止；嗣後環境愈劣，排遣無方，閉室日甚，卒成影戀之變態。」

把小青看作影戀病例之典型，可謂石破天驚之語。因爲小青哀艷的身世，出衆的才華，實在是很能獲得人們的同情的。有研究者甚至指出：「傳者的態度，表明了男性文人對於才女文化的欣賞和支持。」「通過小青與大婦的對比，寄托了晚明男性文人於女性一種新的性別想象和位置期待。」（注十三）然而，潘光旦的研究卻戳破了男性文人的那種幻覺，指出了一個嚴酷的事實。而他之所以能獨辟蹊徑，又是與特殊的學術經歷密不可分的。據他自己講，二十歲在清華讀書時，他便讀過了靄理士六大本的性心理學研究錄。很快他又接觸到了弗洛伊德的學說。「同時，因爲譯者一向喜歡看稗官野史，於是又發見了明代末葉的一個奇女子，叫做馮小青，經與福氏的學說一度對照以後，立時覺察她是所謂影戀的絕妙例子。」（注十四）由此看來，潘光旦的這項研究，實爲西學東漸與中國古代例證碰撞之後結出的一枚果實。

這枚果實自然已跨越了學科邊界，它首先應該屬於性心理學，卻又波及社會學、文藝心理學等學科。有人甚至在文學批評學的層面釋放其意義，（注十五）我覺得也是可以成立的。

寫完我對具體書的一點心得後，我想再說幾句總的印象。這些書大都是作者早年的研究成果，有的甚至可算得上是其「少作」，但我們讀這類書，卻絲毫沒有青澀之感，而是覺得很老到，仿佛他們已是治學多年、功力深厚的長者。他們寫出來的書也往往不厚，并非煌煌巨著，卻很有幹貨，問題也談得通透。而之所以能如此，大概是因爲他們首先以學術爲志業，心無旁騖，加之國學功底本來就好，年輕時又出洋留學，這樣便能啓獲新知，激活古籍，形成自己的真知灼見。近年來，「民國熱」已成知識界的一道風景，而看看民國學人著書立說的風采，想想我們這個時代著作文章的差距，或許便能明白真學問是怎麽回事了。

二〇一四年五月三十日

注一　李林：呂澂是誰？——漢語佛學界最嚴重的遺忘，太原師範學院學報二〇〇六年第五期

注二　高海燕：呂澂美學思想的研究，長春師範學院學報二〇一三年第五期

注三　張遠林、王兆鵬：宋詩分期問題研究述評，陰山學刊二〇〇八年第四期

注四　曾貽芬：陰法魯先生訪談錄，史學史研究一九九七年第二期

注五　同上

注六　李軍：齊如山戲曲理論研究，山東大學博士學位論文，二〇〇八年五月

注七　參見汪曾祺全集第五卷，北京師範大學出版社一九九八年版，第二百四十至二百四十一頁

注八　參見王留成、邢長順：胡蠻傳略，中州統戰一九九六年第六期

注九　參見林樹中：近代中國美術史論著與上海美專，南京藝術學院學報二〇一一年第六期

注十　參見趙丹：時代思潮下的創獲：胡蠻學術貢獻概述，美術觀察二〇一四年第一期

注十一　參見李小汾：論民國時期胡蠻美術史研究中的馬克思主義傾向，美術研究二〇〇七年第二期

注十二　參見潘光旦：馮小青性心理變態揭秘，禎祥、柏石詮注，文化藝術出版社一九九〇年版，第三頁

注十三　張春田：「影戀」，性心理與「病」——潘光旦寫馮小青，書城二〇〇八年第九期

注十四　靄理士：性心理學·譯序，潘光旦譯注，三聯書店一九八七年版，第二頁

注十五　參見賴力行：潘光旦「馮小青：一件影戀之研究」的文學批評學意義，湖南師範大學學報二〇〇五年第二期

作者簡介

潘光旦（一八九九年—一九六七年），江蘇寶山人（今屬上海市）。原名光亶（後以亶字筆畫多，取其下半改爲光旦），又名保同，號仲昂，筆名光旦。在中國現代教育史上，他是最早發現專業化教育弊端，并提出通才教育思想的教育家之一。他在教育上最具特色的貢獻是提出了「位育」之道——這可能是中國學界自嚴復後將傳統文化精神與西方先進科學知識進行結合的最早最成功的範例。潘光旦先生一生涉獵廣博，在性心理學、社會思想史、家庭制度、優生學、人才學、家譜學、民族歷史、教育思想等衆多領域都有很深的造詣。

目錄

叙言

本篇初稿成於一九二二年，二年後，曾寄登婦女雜誌，題名曰馮小青考。唯當時倉卒成文，於小青之性心理變態，未能分析詳盡；且婦女雜誌編者將附錄之小青作品抽去，以致讀者無從參證：心滋憾焉。今秋新月書店余上沅先生以書稿見囑；爰取舊有關於小青之材料重加釐訂，於其性心理變態，復作詳細之探討。既成，較舊作多至四五倍。外此完全新補者有『精神分析派之性發育觀』，餘論二，附錄二，附錄三，及插圖若干幅。

梁任公先生在清華學校講授『中國五千年歷史鳥瞰』時，不佞嘗以本篇之初稿請示，承梁先生以『對於部分的善爲精密觀察』見許，深用自媿；抑自茲不佞於學問一途，略知自勉者，梁先生有提挈之力焉。私心欽感爲何如耶！篇首插圖爲聞一多先生手筆；小青墓等風景畫七幀則爲張心一先生自杭州攝寄者：並謹謝忱於此。

光旦，一九二七年八月上海

小青事考

一　小青事略

小青爲明季女子，或言姓馮氏。萬歷二十三年（一五九五年）生於揚州。萬歷三十八年嫁與杭州馮姓作妾。萬歷四十年（一六一二年）病瘵死。得年十八歲。常熟支如增有傳，摘錄於下*：

小青者，武林馮生姬也。家廣陵。名元元，字小青，其姓不傳。十齡時，遇一老尼，口授心經一過，輒成誦；尼曰：『是兒早慧，福薄，毋令識字，可三十年活；母離

*陳文述蘭因集。

之。」

十六歸生。　生之婦奇妒，姬曲意下之，終不悅。　偶隨婦遊天竺；婦問「西方佛無量，大士獨著者何？」　姬曰，「以慈悲故。」　婦知諷己，笑曰，「當慈悲汝。」乃徙之孤山別室。　誡曰，「非吾命，郎至不得入；非吾命，郎手札至，亦不得入。」　姬往，郎亦不甚相顧；姬悽惋無已。

有楊夫人者，時從姬奕，絕愛憐之。　姬性好書，向生索取不得，數從夫人處借觀。　間賦小詞自遣；對佳山水有得，輒作小畫……。

又時時喜與影語：斜陽花際，烟空水清，輒臨池自照，絮絮如問答；女奴窺之卽止，但見眉痕慘然……。

一日，夫人乘間言曰，『吾非女俠，然力能脫子火坑，豈終向黨將軍帳下作羔酒侍兒乎？』 姬曰，『夫人休矣，妾夢手折一花，隨風片片墮水，命止此矣；夙業未了，又生他想，彼冥曹姻緣簿非吾如意珠，徒供羣口描畫耳。』夫人默坐長歎；相顧良久，泣下沾衣。

自後夫人從夫宦遊，姬益寥闃，遂感疾。 醫來，姬佯謝，俟出，擲藥牀側，歎曰，『吾縱不願人世，亦當以淨體皈依，作劉安雞犬，寧以一杯酖斷送耶！』 乃作書貽夫人*；書未達而疾益甚；水粒俱絕，惟日飲梨汁少許。然明妝靚服，擁襆欹坐，未嘗蓬首偃臥也。

忽一日，語女奴曰，『傳語寃業郎，可覓一良畫師來。』師至，命寫照；寫畢，攬鏡熟視曰，『得吾形矣，未得吾神也，姑置此。』 師易一圖進，曰，『神似矣，丰彩未流動也。』 乃命師復坐，自與女奴扇茶鐺，或檢圖書，或整衣褶，或代調丹碧諸色，縱其領會；久之，命寫圖。圖成，笑曰，『可矣。』 取供榻前，爇名香，設梨汁奠之曰，『小青，小青，此中豈有汝緣分耶?!』 撫几而泣，淚與血俱，一慟而絕。年纔十八耳。時萬歷壬子歲也。日向莫，生踉蹌來，披帷視之，則容光藻耀如生前，不覺長號頓足。婦聞之，恚甚；趨索圖，生詭以第一圖進，立焚之；又索詩，亦焚之。猶幸第二圖其姻婭有購得之者。而姬臨卒之先日，以花鈿數事贈鄰媼小女，襯以二紙，有字*，乃姬親筆。……

張潮（山來）虞初新志亦載有小青傳，與上述者略有出入。作者不可考，疑卽支傳經後人竄改者；潮之友人殷日戒『髣髴憶爲支小白作，』小白卽如增字也。與支傳出入處摘引於後：

與生同姓，故諱之，僅以小青字云。

母本女塾師，隨就學，所遊多名閨，遂得精涉諸技，妙解聲律。江東固佳麗地，或諸閨彥雲集，茗戰手語，衆偶紛然；姬隨變酬答，悉出意表，人人惟恐失姬。雖素嫺儀則，而風期異艷，綽約自好，其天性也。

〔馮〕生，豪公子也，性曹口憨跳不韻

婦或出游，呼與同舟，遇兩堤之馳騎，挾彈，游冶少年，諸女伴指點謔躍，倏東倏西；姬澹然凝坐而已。

婦之戚族某夫人者，才而賢；嘗就姬學奕，絕愛憐之。因數取巨觴觴婦，矙婦已醉，徐語姬曰，「船有樓，汝伴我一登。』比登樓，遠眺久之，撫姬背曰，『好光景，可惜，毋自苦；章臺柳亦倚紅樓盼韓郎走馬，而子作蒲團空觀耶？……子旣嫺儀則，又多技能，而風流綽約復爾，豈當墮羅刹國中？……頃言章臺柳，子非會心人耶？天下豈少韓君乎？

日莫，生始踉蹌來，……徐簡得詩一卷，遺像一幅，又一緘寄某夫人。

正其詩稿，得九絕句，一古詩，一詞，倂所寄某夫人書，共十二篇。……戚某集而刻之名曰『焚餘。』

陳文述作蘭因集，引西湖志之小青傳跋，是小青傳亦見西湖志矣；但此傳是否卽支氏之作，未能斷定。不佞未見西湖志原書，其爲何人所作，陳氏未詳，武林掌故叢編搜羅甚富，但亦無此書名。

清劍州人張岱（陶菴）作西湖夢尋，有『小青佛舍』一則，似節錄支傳，但有三數語爲支傳所無：

> 馮小青爲武林富人妾時，大婦匿之孤山佛舍，令一尼與俱。……後病瘵絕粒。

孤山佛舍諒卽支傳中之孤山別業。但佛舍似更近事實，令一尼與俱，亦較近情理；緣不如此，不足見大婦之『慈悲』也！

小青死後，卽葬孤山，其詳無考。清嘉道間，邑明經陳文述築蘭因館於孤山，乃重修其墓，有小青墓誌。陳妾管筠亦作西湖三女士墓記，一時閨媛作詩紀其事者甚衆，具見蘭因集。今小青墓碣有『頤道居士重修』字樣；頤道居士即陳文述也。

西湖志小青傳跋中謂倘有戔戔居士一傳，論小青生平尤詳，又謂此傳或係明末馮猶龍所作。戔戔居士不知何人；馮猶龍即馮夢龍，崇禎間吳縣貢生，作述頗富。但此傳果見何處，西湖志未詳，不佞亦無從查考。

二　小青眞僞考證

小青生平事蹟甚離奇，亦甚哀艷；前人知其然，而不識其所以然，於是羣疑其僞託，以爲絕無其人；至勝淸初葉，尙多聚訟者。

錢謙益（牧齋）列朝詩集小傳中女郎羽素蘭傳後有云：

又有所謂小青者，本無其人，邑子（常熟？）譚生造傳及詩，與朋儕爲戲曰，『小靑者，離情字正書，心旁似小字也。』或言姓鍾，合之成鍾情字也。其傳及詩俱不佳，……。

蒙叟此論似不能確，蘭因集編者辨證甚詳，不盡錄。支傳文筆贍麗，不可謂不佳。所叙事蹟，容有不切之處，然統觀全部，不類肊造。小青焚餘詩詞，一發乎箇別情感之自然，抑且發乎箇別情感之不得不然，更非一二弄筆之青年文人所可巧製；觀下文小青之精神分析，即可得此推論。又定山堂題畫詩，稱顧橫波曾摹小青像，而錢氏明詩閏集中，託言柳如是助成之，又不知何所指而云然也。

且正面之徵信實較反面爲多。康熙時，姚靖增修田汝成之西湖遊覽志，將小青事跡補入『孤山路』；田氏書以嘉靖二十六年成，姚氏所增補者大率爲二十六年後事。姚氏本一時無處尋覓，不知其所叙者又何若。然其時去小青未遠，姚氏舉而補之，當不能一無所本。

沈濤（西雍）續本事詩載有吳道新之紫雲歌，歌首有序，序云：

維揚馮紫雲，乃小青女弟，會稽馬髦伯姬，姿才絕世，旣精書史，兼達禪宗。惜與小青俱早沒。讀其妙山樓集，及髦伯紀事略，作歌志之。

張山來虞初新志中小青傳後亦附引此序。惟吳道新為何許人，一時無從詳考。然讀其序，可知小青者，不特實有其人，且知其姓馮，且知其有才情類似之女弟一人。小青縱可肊造，謂並親族戚串而亦肊造之，則文人雖好事，我恐未必有此耐性。沈西雍爲嘉道間浙西名舉人，以學尙考訂著稱，著有論語孔注辨僞，及說文古本考等書。近人支偉成稱其讀書有得，每加考訂；其關於金石文藝之著作，亦必以此精神赴之。然則其引用吳道新之歌及序，當亦非率爾操觚者可比。

施閏章（愚山）蠖齋詩話有曰：

予至武林，詢之陸麗京，曰，『此故偶具區之子雲將妾也。所謂某夫人，錢塘進士楊廷槐元蔭妻也。楊與馮親舊，夫人雅諳文史，故相憐愛；頻借書與讀。嘗欲爲作計令脫身，小青不可。及夫人從宦北上，小青鬱無可語，貽書爲訣，書中所云，皆實錄也。』客問，『小靑固能詩，恐不免文人潤色。』陸笑曰，『西湖上正少此捉刀人。』

按陸麗京，名圻，順治時貢生，錢塘名詩人，為『西冷十子』之魁，世稱其詩為『西陵體。』陸與愚山為詩友。愚山於小青之事實，初亦不能無疑，於小青之作品，則又未嘗不私心服膺，因質之陸。陸與馮姓為同邑，去小青之存歿，亦僅三十年左右，宜其言之鑿鑿如此也。支傳僅言『武林馮生』，而陸氏則能舉馮氏父子之名。支傳僅言『有楊夫人者』，而陸氏則知其夫為何如人。支傳中楊夫人諷小青他適，而陸氏亦言之。至謂『西湖上正少此捉刀人』，亦可見小青之詩詞，容有相當價值，愚山而外，推許之者，又多一名詩人；錢蒙叟之語，殆不足爲定評也。楊夫人之夫楊廷槐，亦錢塘人，以萬歷二十三年賜同進士出身第一百零九名，見明進士題名碑錄。小青即以是年生；以是推之，楊夫人較長於小青者，或不止三五歲而已。李雯（舒章）詩彷彿行，亦爲小青而作，詩首序曰：

余少聞小青之事，傷其哀麗矣。今年秋，同郡（華亭？）好事者爲小青作傳奇劇於其宅，召余觀之。

李氏觀至擊節三歎處，續曰：

乃其人去今亦數年矣；涼風冷草，化其妙質，昔之所哭，今已爲歌！……

李舒章爲華亭人，崇禎十五年舉於鄉，去小青之死適三十年。清順治初廷相交相薦用，曾授內閣中書，惟終不得志；以詩名，爲『雲間六子』之一。觀其序，一則曰『少聞小青之事，』再則曰，『去今亦數年矣』，視小青一段佳話，竟如昨日事。所稱『同郡，』不知指杭州，抑指華亭；所稱『宅』，又不知指好事者之宅，抑爲馮氏之故宅。然無論如何，若此之故實，舉足以示小青事跡入人之深，有非尋常哀艷之際遇所可比擬者。李舒章，施愚山，陸麗京，皆明末清初詩人，其詩皆見沈歸愚之國朝詩別裁集，而此三人者或爲小青作詩，或稱道其詩：謂此種種因緣皆文人虛搆之結果耶？錢蒙叟曰然，不佞曰否。

此外涉及小青之題詠文字尙多，但大率爲文人玩墨，近於誇張，里巷傳談，流爲神話；感情之濫用有餘，事實之蒐求不足；不足供我輩考證之用。

小青之分析

引言

一切本能之中，惟二者最爲根本：曰生存本能，曰生殖本能。馬克斯之徒，以生存本能爲經，經濟活動爲緯，著爲經濟命定之說，或簡稱曰經濟史觀，以解釋人類一切行爲與經驗。挽近奧人富洛伊特(Sigmund Freud)與其徒，創精神分析論，以男女慾性之張弛，約束，轉移，變化，爲其根據，而舉以解釋人生活動，亦頗能自圓其說。其於箇人情感生活常變之理，尤多所發明。夫食色天性，飲食男女，人之大欲所存，古人早已言之；然其亦爲人生種種活動之淵源，則至近世而始有人創說者也。

精神分析論之內容可以大別爲三：曰日常生活中之變態心理，曰夢之分析與解釋，曰慾性命定說。前二者與本篇無涉，姑略焉。慾性命定說之大旨曰：慾性之力，與生俱來，故卽在襁褓，未嘗無性的行爲，特因其無對象，無定域，爲之者不自覺，常人亦不之覺耳。成年之慾性卽由此中蛻化而出，而其循行之歷程卽爲自覺化，定域化，與對象化，或稱客觀化。然亦有蛻化失當或蛻化不全者；故成年之人常受幼稚慾性之支配。幼稚慾力之表現於日常生活中者，有二箇不同之傾向，視其人應付方法之善否而定。其以防遏之方法行之者，必使慾流退潰或橫決，形成種種精神上之變態，名之曰精神拗戾（Psychoneu-rosis）。其以開導疏引之方法行之者，假以相當才力之遺傳，則慾力轉化之餘，可以形成各種文藝的，學術的，社會的活動。故精神分析派中人謂一切文化自慾性昇華而來。蓋儼然以慾性史觀派自命矣。

精神分析派出後，醫學而外，最先應用其學說而得比較圓滿之結果者爲文學。謂性生活之陷闕與昇華爲一切文藝之起源者，近於抹殺武斷，然從此批評家得一新角度以作比較深刻之觀察與分析，而一般愛好文學與藝術者，明乎一種作品之原委，亦從而加以諒解；於是文藝之意義益見醇厚：則可得而言也。向者，本篇之初稿既成，不佞嘗舉以示習於文學之友人某君，某君雅不以爲然。其旨蓋謂文學之作品乃一整箇之物，其美處即其整箇處；今分而析之，則完整既去，美又何有？是鄉人看『西洋鏡』之哲學也。不佞於文學未嘗深究，然始終以爲好西洋鏡必不患拆穿，使拆穿矣，亦愈穿而愈有味也。請以此種態度讀小青何如？

一　精神分析派之性發育觀

常人自呱呱墜地以至成年，慾性之發育必經若干步驟，歷敍如次：

一。初元之子母認同(Primary identification)。美人巴魯(Trigant Burrow 一九一七年)爲辨認此時期之主要人物，其言曰：

「襁褓初期，嬰兒所聞所見所接觸者，不外其保抱之母親。所謂意識者，即於此時喚引而出。抑當其初也，猶不失爲主觀的與未分化的意識，故與外界之種種接觸，在我人視若外界者，在嬰兒則爲初元的，主觀的，且亦爲不自覺的。　既爲主觀，既不自覺，既不分化，則多一番接觸，卽使母子之關係促進一步；換言之，卽嬰兒之自我與母親之影象，二者之結合而不可解者，更深一度。　保抱之時日愈久，則母子間精神之融洽愈甚。　此種襁褓期內母子間精神的結合，與胚胎期內母子間有機的結合，可以後先輝映　母子間主觀的綿續現象，卽有機的與精神的混合，可稱之曰初元之子母認同。（The Genesis and Meaning of Homosexuality and Its Rel tion to the Problem of Introverted Mental States. The Psychoanalytic Review, Vol. IV No. 3.)

認同期內，母子間之接觸，未嘗無迹近慾性之快感，例如哺乳時之活動及觸覺是。然巴魯謂此種快感乃完全主觀的；嬰兒尚無客觀之能力，故不能以母親爲愛慾之對象。此與福洛伊德異者也。

二。**母體之客觀化與母戀**。嬰兒旣斷乳，與母親之關係略疏遠；於母親之外，所與接觸之環境日益擴大；知母親之外，天地間尚有其他佔領空間之物體。於是母親不復爲子母複體之一部分，而成一獨立之體；不復爲精神混合體之一部分，而成一幼兒慾力外施之對象。母體客觀化之日，即母戀現象呈露之期。

福洛伊德之言曰：

嬰兒慾力外施之對象，果何由物色而得，則歷程殊複雜，至今尚無簡賅之解釋。然我輩於此所欲知者，亦至單簡……〔出襁褓期後〕所謂對象者，蓋與當哺乳時與以快感之物體，殆完全爲一事。是物者，不爲母親之乳，即母親之本身是也。故曰，母親爲人生戀愛之第一對象。然我輩於此所稱之戀愛，乃偏指慾性之精神方面而言，至其肉體方面，即本能之根本要求，則忽而略之……。（A General Introduction to Psychoanalysis，頁二八五，一九二二。）

三。**自我之自覺及自我戀**。是有二說。福洛伊德謂自六歲或八歲至春機發動之年為慾力蟄伏之期。母戀雖屬自然發育所必經之步驟，但不為社會生活與習慣所許可，故孩提年事漸長，於不知不覺之間，即漸自範；向者活潑散漫之慾力，日就收斂而退藏於密；至春機發動期而後出，故曰蟄伏。蟄伏之時期有長短，其程度亦有深淺，一視社會性道德之箝制力為轉移；故禮教觀念愈發達者，慾力凝縮之迹愈顯著。

及春機發動初期，蟄伏者蠕然生動，內凝者泄然外施。生動不能無附麗，外施不能無對象。然方其始也，其人猶慴於社會習慣之威權，不能不從近處，小處，不引人注目處下手。合乎此若干條件者，惟其人自身。故「驚蟄」後慾力之第一對象，即為其人自我。

蓋近年來福氏之性發育論，未嘗不承認「慾」與「我」為二事；既為二事，則一人之慾力，未嘗不可以其人之自我為對象，而從而戀愛之也。此自我戀之一說也。

持又一說者為巴魯。巴氏之性發育觀既以子毋認同為出發點，則後此之步驟自亦不能無異。巴氏以為母體既脫離子母複體而客觀化，則幼兒之自我亦不免客觀化。斷乳而後，幼兒仰給於母體者日少，憑籍於一己之活動者日多；而自我之為慾力之對象者亦日以顯著。是則出子母認同時期，即入母戀時期，亦即入自我戀時期也。母戀旋因社會之裁制，不久即無形消滅；於是十分慾力，即以自我爲專注之點。故逕謂自我戀期爲子母認同期之續，亦無不可。此與福氏之言頗有出入。

四。**自我戀之擴大與同性戀**　春機發動期內，性生理日趨成熟，慾力於精神方面亦漸開展。向之蠕動者漸活躍，泄然者漸奔放，終乃及於其人身外之物。茲身外物者，不能與自我太相類似，顧亦不能過於殊異。合此資格者，其惟同一屬性之人乎。故同性戀者，擴大之自我戀而已。巴魯曰：『自戀者，即等於戀其人所屬之性，此自精神分析派觀之，亦即戀其同性也。』 是不啻視自我戀與同性戀完全爲一物矣。

五。性生理之成熟與異性戀 此爲性發育之煞尾。生理上之發育既全，慾性之生殖作用乃日見重要，本能之根本要求亦日趨急迫。於是自我也，同性也，舉不足以爲應付。足以應付之者，惟有發育健全之異性。故曰，慾性之發展，以異性戀爲最後之歸宿。

慾性常態之發育止此。然亦有不合常態者。不合之道二。其一曰中滯。精神脆弱而又遇不馴良之環境，如父母之溺愛，過早或不正當之性經驗等，則發育可以隨時中止，卒使性生理雖若成人，而性心理猶若孩提，甚或若嬰兒者。其二曰廻流。發育或已完全，但因特殊之性經驗，其人或不勝打擊，其慾力乃循發育之原徑而倒行逆施。猶之水行，進有所阻遏，則反其流，故曰廻流，西文稱 Regression。至迴流之距離，則半視前途阻力之大小，半視發育經驗中有無中滯之痕跡而定。夫異性戀之生活至複雜也；唯其複雜，故順應之之方，亦較順應自我戀與同性戀等生活為繁劇；惟其繁劇，精神略脆弱者在平時已有不能應付之勢，況當凄風苦雨之候乎？

我國於變態心理之學尙無人深究，社會亦不為之地，使得羅致患者，以爲研究之資料。試入歐美規模較大之精神病院，則因性發育失常而發生之種種變態觸目皆是。性發育中滯與性發育廻流二者，歷程雖不同，而其結果則一。女子有因幼時父母溺愛過當，及成婚而於性生活絕對冷酷者，此發育至母戀期而中滯之結果也。別一女子發育未嘗不健全，然因初婚之日，無相當知識之預備，有不勝性經驗之繁劇，熱情頓轉冷酷者；此第就結果而論，實與前例相同，特所以致之者，不爲中滯，而爲廻流。癲狂之一種名早熟癲者（Dementia Praecox），患者大都爲弱冠之人，然其『孺慕』與『依依膝下』之程度，較之嬰孩，未嘗減色，此亦廻流之一例也。又有所謂誇大狂者（Paranoia），患者視一已之自我爲至高無上之本體，愛之護之，時虞隕越；精神分析論者謂此種瘋狂實因緣於自我戀之未能擺脫，所以未擺脫者，或因中滯，或因廻流，視其人之年齡與病前之經驗而定。此皆不佞於游觀之際，嘗數見不鮮者。　至生理發育程度已入異性戀之期，而精神方面猶未解除同性戀愛之人，則即在平日社會中，亦不時聞見之。　德國精神病學者罕歇弗爾德（Hirschfeld）嘗估計百人中平均得一人半至二人，不可謂不多矣。　餘桃斷袖之癖，或出自好奇成習，惟大率出自性心理之不得不然，亦性發育廻流或中滯之效用也。

欲流常變進止之理，可用圖案表出之。　圖中實線指常流，虛線指廻流，或歧流，皆流之變也。中流之梭形虛線指慾流中滯之象。粗細指自覺化，客觀化，對象化之程度。有中滯之痕跡，而最近流之本者爲母戀期，次爲自我戀之期，最近流之末者爲同性戀之期；其無中滯之痕跡者姑假定爲福氏之蟄伏期。兩端：本則爲初元之子母認同，末則爲異性戀之段落。此圖係參酌福巴二氏之說而成。

慾性之流

二 自我戀

自我戀之程度不一；發育歷程中之自我戀爲一絕普遍之現象，特程度大率甚淺，爲常人所不覺察。文語中所謂『顧盼自豪』，『顧影自憐』，甚至一般浮誇之習氣，及種種極端主觀之言行；其見之於青年人者，殆無一不有自我戀之根據。至因發育中滯或廻流而獲得之自我戀，則程度每較深；然因其常與他種症候夾雜，欲辨認之而作精密之觀察，亦甚不易。比較純粹之自我戀，即以整箇之自我爲戀愛之對象，而同時無他種重要之變態參雜其間，則精神病學史中殊屬罕見，且恐未嘗有也*。爲強無以為有，則惟於神話中求之。

希臘神話稱有美男子名耐煞西施（Narcissus）者，初不識戀愛為何物。水中與林中之神女皆愛慕之。有名Echo者，慕之最深。耐煞西施始終規避，不與往還。Echo終至憔悴以死，僅存者惟嫋嫋之餘音而已；Echo者，希臘語聲音也，至英語作回聲，蓋因緣於是。Echo既死，司賞罰之女神Nemesis乃使耐煞西施與其自身之影發生戀愛。自此耐煞西施必日至池上自顧其形，依依不捨，望穿『秋水』，而可望不可接之情景依然，終

＊奧人南愷（P. Naecke）嘗敘一例，其情形頗近似，但不詳其同時有無他種重要變態。

亦消耗以死。既而神憫之，使爲水僊花，俾仍得籍彼清且漣漪者，長與其影爲伴侶。至今植物分類學之水僊屬，卽由此得名。Narcissus，希臘語原義爲沉醉痲痺，殆指耐煞西施臨池顧影時之精神狀況也。此種精神狀況，精神分析派卽名之曰Narcissism，我輩今姑譯之曰影戀現象。影戀者無他，自我戀之結晶體也。

此相傳之神話也。然以今日性發育常變之原理推之，此種神話之形成，或不無幾許事實爲之張本，不能盡屬子虛。其與今日之學理相背者，卽因果之間，不無倒置；耐煞西施之不愛Echo或其他神女，諒非偶然，亦非故與異性爲難；實緣自我戀已先入存在，精神上已無異性戀之餘地耳。換言之，慾性之流，已於自我戀之段落中滯，去異性戀之段落已遠或尚遠也。

雖然，不佞必與古之神話作者爭此毫末，果何爲者？且以因果之論責之命運主義之希臘人，責之神話時代之希臘人，以今度古，亦何不量事理乃爾？然不佞所不能不引爲奇絕趣絕者，即耐煞西施何以竟若小青之後身，小青何以竟類降謫人間之耐煞西施？時之相去也，萬有餘歲，地之相去也，萬有餘里，神話之與史實，相距又何可以歲月道里計；而二宗事案之相合，何以竟若符節？不佞非研習文學者，於性心理學亦未嘗爲深切之探討；然今有自我戀之事案於此：西方僅見於神話者，而我國則見諸歷史；普通僅爲一人精神病之局部症候者，而此則爲一人精神變態之全部：則縱不學，亦必欲明其眞相窮其原委而後快。此小青分析之所由作也。

三　小青之影戀

何以知小青有影戀之性心理？　此須先解答者也。

小青影戀之事實，所可稽者，一爲支如增之小青傳，二爲小青之作品。　試分別摘錄於下。

時時喜與影語：斜陽花際，煙空水清，輒臨池自照，絮絮如問答；女奴窺之卽止，但見眉痕慘然。（支氏小青傳）

我輩知希臘神話者，設不見支傳之上下文，而僅僅讀此一節，殆將疑此爲耐煞西施而作之傳神筆墨。　卽此三數語，以不佞觀之，小青影戀之說，至少可以坐實至五十分以上。　或曰：世間顧影自憐之男女，所在而是，何以知小青之顧影自憐爲變態的而非偶然的？　曰，有數說焉。　第一在二『輒』字，亦在『時時』二字，此示其決非偶然之行爲。　二曰與影對語；蓋顯然以影爲有人格之對象，故從而與之問答，且絮絮叨叨，不僅一二語而已。　三曰人見即止；普通情人相會，雅不樂第三者之闖入；女奴爲小青幽居中惟一伴侶，宜甚相諗，而小青竟不以其窺探爲然，豈亦以情人視已影耶？　四曰形容慘淡；一般之顧影自憐者顧影而樂，而小青則反之；殆一泓秋水，可望而不可接之味況，已有不堪消受者在；外此無以解釋也。

謂此猶不能坐實小青之影戀，則請讀小青自作之詩，諒較支傳爲可信：

新妝竟與畫圖爭，
知在昭陽第幾名？
瘦影自臨春水照，
卿須憐我我憐卿！

（七絕九之三）

小青既感疾，不能『臨池自照』，以與其戀愛之對象聚首，則有一更較輕便之媒介，以代池水。小青嘗自述曰：

羅衣壓肌，鏡無乾影；朝淚鏡潮，夕淚鏡汐。（與楊夫人永訣書）

是以鏡爲通款曲之媒介也。向者臨池，則『眉痕慘然』，今者對鏡，則淚如泉迸，甚至羅衣濕透，且夙夜環流，有若潮汐：小青之變態蓋愈深一步矣。小青病，亦卽其對象病；小青或不自覺其病，而惟知其對象病，或知而不自悲；所可悲者，鏡中之人日卽於支離憔悴耳。旣悲則安可不啼：小青啼，而鏡中人亦啼，情感相生，啼乃彌甚；如此而欲涕泗之不滂沱，烏可得哉！

止水與明鏡爲小青之二大恩物。小青嘗於一詩中並及之；詩曰：

脈脈溶溶灩灩波，
芙蓉睡醒欲如何？
妾映鏡中花映水，
不知秋思落誰多。

（七絕九之七）

詩中芙蓉非灌木之芙蓉，而爲水芙蓉，卽蓮花。小青蓋引蓮花相比擬：蓮花之對象在水底，而小青之對象則在鏡中也。耐然西施之後身爲水僊花，而小青之良儔爲蓮花，抑何詩鏡之相似也。至言『秋思落誰多』，則更進而比對象憔悴之程度矣。昔論詩者每別詩之性質爲興，賦，比；小青此詩之性質果爲興，爲賦，爲比耶？不佞無以辨之。

小靑疾甚，支傳載有二事，甚可供我輩之研索。其一爲服飾：

疾益甚，水粒俱絕，唯日飲梨汁少許；然明妝靚服，未嘗蓬垢偃臥也。（支傳）

服御整潔，固出於其人之愛好天然；張山來本支傳謂其綽約自好，蓋出天性；然至疾甚而猶毫不苟且，則僅僅天性一端殊不能圓其說。且小靑爲失歡之人；佛舍幽居，一壁既遭馮氏子之恝置，一壁又無緣他適，其往日之戀愛生活，蓋已甚少恢復之望；

常人瀕此絕境，鮮有不與『豈無膏沐，誰適爲容？』之感者。乃小青獨不然，病且死矣，猶惓惓於粧臺生活，不稍假借；此更豈愛好天然所可解釋？ 可解釋者，唯有影戀之說。 夫人孰不欲其情人之美觀？ 孰不求已身之美觀，以博情人之歡心與賞鑑？ 是則欲服御之苟且假借而不可得矣。 特通常情人間之飾美，須費兩番手脚，在影戀情勢之下，兩番可併一番做耳。

小青死前嘗寫照，是又大可玩味之一端也。

忽一日，語女奴曰，『傳語寃業郎，可覓一良畫師來。』師至，命寫照；寫畢，攬鏡熟視曰，『得吾形矣，未得吾神也，姑置此。』 師易一圖進；曰，『神似矣，丰采未流動也。』　乃命師復坐，自與女奴扇茶鐺，或檢圖書，或整衣褶，或代調丹碧諸色，縱其領會。　久之，命寫圖。　圖成；笑曰，『可矣。』（支傳）

支離『雞骨』之病者，瀕死矣，而非畫像不可，非畫得惟妙惟肖不可，非畫得形神俱似，丰采自然流動不可；求形神俱似，求丰采自然流動，於是一則攬鏡熟視，再則力疾作種種恣態之活動，使畫師意會：小青何不憚煩乃爾？　與楊夫人永訣書，有『拙集小像，託陳媪好藏，覓便馳寄』之語，試揣其意，蓋謂其人雖去，而琴不可忘。　小青達觀人也，其視生命若敝屣，與楊夫人書中固嘗歷歷言之，奈何獨於此戔戔之小像，不能忘懷得失？

幽明異路；永從此辭；

玉腕珠顏，行就塵土。

——與楊夫人書

此又非影戀之說不足以解答者也。畫裏眞眞者，我輩果直認爲小青，而小青則認爲情愛所鍾之對象；旣爲鍾情之物，則不論修短肥瘠，其入畫之資格一也；且愈憔悴，愈瘦損，則愈見可憐，愈有圖繪之價值：一般之病態猶然，況當『玉腕珠顏，行就塵土』之候乎？

故爲小青設身處地，與其謂小青將死，無寧謂小青之情人將死；與其謂小青欲寫照，無寧謂小青欲爲其將死之情人寫照；與其謂小青欲永留其小影於人間，無寧謂小青欲期其情人不朽，故以保藏其小像之責，歸之楊夫人。此豈不佞臆斷之辭？小青瀕死固自言之，初不待我輩好事者謀爲之處也。支傳謂小青寫照既覺，乃取供榻前，爇名香，設梨汁奠之曰：『小青，小青，此中豈有汝緣分耶?!』撫几而泣，淚與血俱，一慟而絕！

嗚呼，小青竟以身殉情矣！

四　小青之死與其自覺程度

小青爲影戀者，且半因影戀而殺身，洵已坐實矣。然小青當日果自知之否？卽小青對於一已之性心理變態，究自覺否？究自覺至何種程度？影戀縱深，又何以竟至於死？自覺程度與其死又有何關係？皆宜續加探討者也。

楊元蔭夫人爲小青閨中膩友；嘗勸小青改嫁。此事不僅於支傳及陸麗京談話中見之，卽小青與楊書中亦嘗反覆加以討論。唯小青終不以改適爲然。嘗語楊曰：

妾夢手折一枝花，隨風片片墮水，命止此矣；夙業未

了，又生他想，彼冥曹姻緣簿非吾如意珠，徒供羣口描畫耳。（支傳）

後與楊書中又曰：

> 尊旨云云，竊揆鄙衷，未見其可。……去則弱絮風中，住則幽蘭霜裡，蘭因絮果，現業誰深？

觀其對於改適問題之態度，可知其不無少許自知之明。其不以改嫁爲然者，一決不因名節關係，小青本爲馮之姬妾；且以彼之達觀，自不斤斤於此。二決不因無可改嫁之人物，誠肯以章臺柳自期，則『天下豈少韓君乎？』三決不因無常人眼光中所謂改適之資格，『既嫻儀則，又多技能，而風流綽約復爾』若小青者，豈患無人拜倒？　四決不因無改適之便利與機會，小青幽居期內，馮氏子本不甚相顧；大婦以小青爲『眼中釘』，亦曾諷其他適，見與楊夫人書中；而楊夫人未北行時，嘗以『脫』小青於『火坑』自任。　然則究因何故？　曰，小青自知無此種順應能力故。　曰『去則弱絮風中』者，言一般之無把握，不能應付異性戀之環境也。　曰『冥曹姻緣簿非吾如意珠』者，極言其不能應付之程度，竟若先天定命者。　故曰，小青不無相當自知之明。

又有出家之議，小青亦期期以爲不可。　其言曰，

若使祝髮空門，洗妝浣慮，而豔思綺語，觸緒紛來；正恐蓮性雖胎，荷絲難殺；又未易言此也。（與楊夫人永

訣書）

通常異性戀之生活，當之者對外須作種種順應，在溺於自我戀若小青者對此自無把握；然削髮爲尼，亦須作種種順應，但爲對內的，而非對外的。夫欲一人屏一切情愛於意識之外，亦豈輕而易舉？然以普通情理推之，爲失戀後之小青計，最自然之舉莫若逃禪。小青早慧，十歲時有老尼授以心經，即成誦；後雖未專學佛，而出語每通禪理，讀其寄楊夫人書，即可知之；有根器之人不入佛，則誰入佛？此一端也。寡婦或棄婦之略重名節者常以長齋繡佛自矢；小青之地位，棄婦之地位也，既不改嫁，又不作禁絕塵緣之計，意果何居？此又一端也。小青獨居孤山別業，或曰佛舍，而爲之伴者爲一女尼，固十分良好之學佛環境與機會也，而小青未嘗利用之，又何爲者？ 此又一端也。有此種種因緣而猶不入空門，則其間不能無特殊之箇別心理可知。 此特殊心理者，小青已自言之矣。 小青之自覺程度，至此可謂更進一步。

唯小青自覺之程度尚淺。 小青自知其不能無情慾生活，亦自知不能如常人之善用其情慾，或竟如出家人之完全滅情禁慾。至其何以不若人，其情慾外施之對象果何以異於人，則小青不自知矣。 自我輩觀之，小青之地位固絕易了解者也。 設以異性戀爲用情之極度，而出家人之生活爲不用情之極度，則小青之用情適得中道。常人用情，須有身外之對象；出家人不用情，自無須對象；而小青則用情而無須乎身外之對象也。以習於中道之人，而欲強其走極端，事實上自不可能。

然小青自覺之程度，此外猶不無可徵者。試於其作品中求之。天仙子詞中有曰：

也虧一陣黑罡風，火輪下，抽身快，

單單另另清涼界。

『清涼』二字，殊非事實。然小青對於當初之婚姻生活，未嘗不認為大錯特錯，則讀此可知。至下半闋則義益明顯：

原不是鴛鴦一派，休猜做相思一概；

自思，自解，自商量：心可在？　魂可在？

前二語蓋與『冥曹姻緣簿，非我爲意珠』同一口吻，但益較肯定。至『自思，自解，自商量』一連三箇自字，則更爲小青精神生活之畫龍點睛處。　既曰相思不一概，既曰不屬鴛鴦一派，而續曰，自相思，自解慰，自商量，是明明指其所以不一概與另成派別者之所在；續曰，『心可在？　魂可在？』者，又顯若不甚了解其慾力之安放處，因而特作疑問者然。　以此論之，小青之自覺程度已出六七分以上。　上文支傳稱小青瀕死，哭奠其小像時，曾作『此中豈有汝緣分』之疑問語。　我輩如僅就此一二者立論，而不兼顧其他文字上之徵信，則不妨曰：小青於其自我戀之變態，已猜破至八九分程度。

雖然，此尚未易言也。小青一壁猜得幾分一己之性心理變態，而一壁實未嘗打破『願作鴛鴦不羨仙』之觀念；此甚可悲者也。讀其古詩之末句及七絕第二首之後半，其感傷孤另之情，可以想見。至七絕第五首及詞，則引牡丹亭女主人，蔡文姬，王昭君等爲同調，若輩固皆不得於婚姻生活之可憐人也。絕詩之第六第八兩首實出一種心理：第八首羨綠珠之雖死猶生，以映出一己之雖生猶死，小青自愧勿如之心，躍然紙上；第六首則羨慕中微寓怨意與妒意，所謂『怨黃鶯作對，恨粉蝶成雙之複叠』

心理是也。七絕之第一首最積極，小青有鑒於一己慘痛之經驗，故發『灑作人間並蒂蓮』之大宏願，較之『天下有情人都成眷屬』一願尤爲宏大，亦且不着痕跡。又有進者，天仙子詞之後半既再三言一己之性心理不能與他人相提並論，而其末句突然曰：『着衫又撚裙雙帶！』眞正自覺者豈能依違兩可若是？我輩讀小青至此，抑可知無論一人之性心理如何箇別，其人之性觀念每不易擺脫社會之習慣；愈箇別而愈不能擺脫社會之成規，則行與心違，慾與望左，其痛苦乃彌甚；間有一線曙光，其人得自知其隱秘而別圖順應，則又稍縱卽逝，不可復得：此若小青者，所以爲千古之傷心人也。

精神病診斷者謂患者之可愈性往往視其自覺之程度而定。自知其變態之所在者，其可愈性較不自知者爲大；自知其變態之所由然者，則其可愈性更大。良以知其然而又知其所以然，則患者每能於行爲上自爲調劑，補診療之所不及。小青自覺之程度，綜合上文徵信而觀之，實不可謂甚深：彼僅僅猜測其變態之所在，而未嘗肯定之；至其變態之所由來，則更屬茫然。唯其自覺程度不深，故其可愈性不大；而終於不治。第言以瘵死者，知其一而不知其二者也。

如影戀生活可以進行無礙，則小青之殘喘尚可多延若干時日。事實上却並此而不可能。第一，因舊日之瓜葛未清。小青之幽寄孤山，本爲大婦嫉妒之結果；然大婦之淫威，初未嘗因此而稍殺；與楊夫人書中謂『猖語哮聲，日焉三至，旣而微詞含吐，』且諷其改嫁；小青稱之爲『屠肆菩心，餓貍悲鼠，』其不爲善意之勸告可知也。夫旣時刻在大婦監視之下，則即與人無忤之影戀生活亦不能自由享受。影戀生活與異性生活，形式不同，而原則初無二致，即同一不能無相當之隱秘。故支傳之女奴，或西湖夢尋之女尼，名爲隨侍小青，實則在在爲小青戀愛生活之障礙，所謂『時時喜與影語……女奴窺之即止』是也。

第二，因缺乏適當之伴侶。小青自揚州就婚杭州，而其母及弟仍居揚州。與楊夫人書中之『阿秦』，或即爲其弟之乳名。吳道新紫雲歌序稱紫雲爲小青之妹，嫁會稽馬髦伯。諸人皆音問不通，遑言相晤。與楊書中謂『老母姊弟，天涯問絕』，姊字容有誤，或即指紫雲也。

楊元蔭夫人爲閨中唯一膩友，唯一同情者；但交不甚久，夫人即隨夫北去。與楊書中之小六娘，不知何人，諒亦小青友輩，然較小青先卒，不能爲解憂也。然即使楊夫人不北去，恐亦不能保其不病不死。何則？一般婦女之性情柔婉，體貼入微則有之，動中箇別心理之肯綮則未必。再嫁之議，楊首創之。祝髮入禪之說，或亦爲彼之手筆。至引韓翃柳章臺一類故事，或出作傳者之好事，未可遽信。然楊夫人不能爲小青之眞知已，無待辯也。嗚呼，鏡花水月，慰籍三分，影另形單，閒愁萬丈；小青不以療死，亦必以悲苦鬱結無可告語死。讀其與楊夫人永訣語，亦可知其慘痛之梗概也：

嗟乎，未知生樂，焉知死悲？憾促歡淹，毋乃非達？至其淪忽，亦非自今；結縭以來，有宵靡旦；夜臺滋味，諒不如斯；何必紫玉成烟，白花飛蝶，而始謂之死哉！

五　小青自我戀之病源論

小青自我戀之事實問題，姑認爲已經解決。　然如此事實果緣何發生？　請就可稽之零星片段，略作病源學上之討論。

言病源學不出遺傳與環境二大範圍。　精神分析論之病源論尤重視幼年之環境，緣當性發育之初期，變態之種因最易也。

小青之家世若何，我輩可知者甚有限；故於其生理心理之遺傳，不能作直接之考證。　小青有老母，有妹名紫雲，有弟名阿秦（？）。　虞初新志本之支傳稱其母嘗爲女塾師，小青幼隨就學，至小青沒時尚健在，與阿秦同居揚州；小青與楊夫人永訣書中嘗存問及之；外此無聞焉。紫雲適會稽馬髦伯，亦爲側室。與小青頗相似，吳道新嘗爲之作歌，序中盛稱其才，言其精書史，則智力與小青同；又稱其達禪宗，且著有詩集，則智力而外，情性亦未嘗不同；又稱其姿色卓絕，又惜其早沒，則姊妹間之形態與體力亦有類似之處。雖寥寥數端，或不無參考之價值也。

小青十歲以前之境遇，我輩所可知者等於零。嘗隨母讀書，但不識係何年齡，諒在十齡前也。十歲時，支傳稱其曾遇老尼，爲授心經，琅琅成誦，尼稱其早慧。小青之早慧，原不待老尼之評斷，後人讀其詩文，自然領悟；陸麗京善其詩，竟有西湖人士無可捉刀之語。此一也。小青通禪理，與楊書中之慧覺，之達觀，皆足以表示之。常人悅佛理，大率在中年以後，小青以妙齡而悅之，則其智力之成熟，必有先人之處。此二也。或曰，小青旣蚤悟，何不於失歡之後，卽入空門，可省此一番浩劫？對曰，此卽是小青慧根獨深處。普通女子於一已之情慾生活，祕不一宣，無此自知之明，亦無此率直與膽力也。小青獨不然，彼於一已情慾活動之方式，洵如前節所云，覺悟容有未盡，而於其情慾之強烈，則知之深而言之切；故曰，『豔思綺語，緒觸紛來，正恐蓮性雖胎，荷絲難殺』也。試思中國婦女史中與婦女作品中，果有幾段類此之文字！非智力發達過人者，又曷克臻此？ 此三也。

小青與其妹均早沒；其妹之死由不詳，而小青則半因癆瘵，且自感疾至不起，爲時殊不久。 小青歸馮氏時，年十六，沒時年十八；成婚後便病，亦不過二年。 然支傳稱其感疾在楊夫人北去之後。 今如假定婚姻生活有一年之久，幽居生活亦爲一年，與楊夫人往還歷時一年有餘，跨婚姻與幽居二時期；則小青臥病時期，至多不出半年左右耳。 再就小青之作品考之，則爲時殊更短促。 絕詩第三首有『對影自臨春水照』之句，則小青影戀生活最順利之日，當在春季，彼時諒尚未病。 及夏末秋初，則若癆疾已發端，故第七首卽提及鏡匣生活，且與水芙蓉比擬憔悴之程度焉。楊夫人之北去，必在春初以後，與楊書中曾追憶元宵觀燈之樂，可爲左證。及秋深，而小青之病亦隨之而深，與楊書中曰『遠笛哀秋』，曰，『唧唧蛩聲』，皆指秋風垂盡也，斯時之小青，則已『痰灼肺然，見粒而嘔，』行將不起矣。以此推之，則小青自病至死，前後不過三四月耳。

小青早沒，而其死由半爲癆瘵，又死得如是之速；是其智力雖特強，而體力未必佳也。十齡時，有老尼稱其『福薄』，如不識字，可三十年活；則其人必自幼清瘦脆弱，不禁風雨，亦可推想而得。然性情上則似甚健全，張潮本之支傳謂其素嫻儀則，又謂其與江東閨彥，日相酬答，隨機應變，出人意表，故人人樂與之遊；是可見處女時代之小青，實無何等異於常人之癖性。至謂其綽約自好，如出天性，則又若當時已有自我戀之端倪，爲日後影戀之張本。然此未可遽定也。

及歸馮氏，而形勢大變。時小青年僅十六，如以年月之確數論，或尙不及十五。常人以此妙齡，營婚姻生活，已不無問題，况體氣脆弱若小青者乎。且馮爲富家子，豪邁有餘，温存不足，張潮本支傳稱其『性憨跳不韻』，則恐不止不温存而已。夫以妙齡弱質，委諸『憨跳不韻』富家兒郎之手，其性生活與性心理之不受重大打擊者幾希矣。所謂『結褵以來，有宵靡旦，夜臺滋味，諒不如斯』者，安知不即爲不堪性經驗之蹂躪而發耶？　大婦之淫威，猶其次焉者也。

小青適馮之年齡，性發育本未完全；及受重大之打擊，而無以應付，慾性之流乃循發育之塗徑而倒退，其最大部分至自我戀之段落而中止；嗣後環境愈劣，排遣無方，閉窒日甚，卒成影戀之變態。　其間步驟亦不無可稽者。　設『綽約自好，其天性也』二語確爲觀察所得之陳述，而非文人信手筆墨，則處女時代之小青已不乏自我戀之印痕，換言之，即當時發育歷程中，慾力之流已不無留滯之處。　彼時旣嘗中滯，則今茲之迴流尤易易，且即以昔日留滯之地段爲歸宿。　猶之河流，何處河牀較深，或河面較廣，則迴流所至，即以爲滙也。　此步驟一也。　張本支傳有曰：『婦或出游，呼與同舟，遇兩堤之馳騎挾彈游冶少年，諸女伴指點謔躍，倏東倏西』，小青則『澹然凝坐而已』。曰澹然凝坐，何與未婚前『隨變酬答，悉出意表』，人人非彼不歡之小青剖若兩人耶？ 與楊夫人於元宵時節，觀燈南樓，酒綠燈紅之際，小青乃『倚風獨盼，恍惚有思』，此種情感上之變遷，果何來者？ 謂其遇人不淑，用深自悼，不能強爲歡笑可；謂其已入自我戀之初期，已呈自我戀之症候，又何嘗不可？ 此步驟二也。

六 小青變態心理之餘波

小青慾力廻流，最大部分以自我戀之段落爲滙；其餘力則有落後而不達自我戀之段落者，亦有突進而越過自我戀之段落者。不達者入同性戀之段落，突進者則波及母戀之段落。是亦不無可徵者。

小青與楊夫人之關係，甚稱密切；楊爲有夫之婦，情感有所偏注，其關懷小青者或不若小青關懷彼之深。然元宵觀燈諸謔，彼此至以『妖嬈兒』及『狡鬟』相呼，則二人膩密之程度，亦可想見。在小青方面，殆不無少許同性戀之傾向乎？小青踏青詩有曰：

盃酒自澆蘇小墓，
可知妾是意中人？

（絕詩九之四）

則儼然以蘇小之情人自況，同性之相慕，更情見乎辭矣。

小青與其母之感情甚好，與楊夫人書中嘗一再道及之，並叮嚀楊夫人南歸時便道存問。又其詩曰：

鄉心不畏兩峯高，
昨夜慈親入夢遙；
見說浙江潮有信，

浙潮爭似廣陵潮？

（七絕九之九）

孺慕而至於夢，母女間之關係，或有非尋常孝思二字所可解釋者。小青殆亦不無母戀之傾向乎？楊夫人年事長於小青，其夫以小青生年登進士，則以常理推之，所長者或不止三五歲。是則楊夫人不特爲小青同性戀傾向之對象，亦且有小青母戀對象之資格矣。

與楊永訣書中小青懷舊情深，竟有：

馳情感往，瞻睇慈雲，分燠噓寒，如依膝下，糜身百體，未足云酬！

之語；曰『慈雲』，曰『膝下』，曰粉身無以爲報，小青慧性甚深，非尋常女子可比，諒不肯濫情浪墨至此。恐亦母戀傾向之暗示使然也。 精神分析派論慾力外展，遇有障礙，則有『移花接木』之權宜方法，名曰移接（Transference。）小青老母旣遠在揚州，則其移花接木，以楊夫人爲母戀之對象，亦是情理內事。

或曰，福洛伊德與其徒稱母戀祇適用於母子之間，至女子則以其父爲對象；小青女子，而亦母戀何也？ 殊不知性發育未達異性戀之段落時，兩性之分，尙在不自覺或半自覺之範圍以內；同性戀之不擇異性，自無待言；自我戀之不擇異性，更不待言；而謂發育最先幾及之母戀反斤斤於異性對象之挑剔耶？ 然則母戀之亦可爲母女戀，無待多辯也。

影戀爲自我戀之登峯造極，足以坐實小青之自我戀而有餘，已無煩再贅。然影戀而外，尚有一二不甚重要之症候，足徵其自我戀之存在者。福洛伊德嘗謂患誇大狂(Paranoia)者每有自我戀之根柢。誇大狂之特色二：曰自大，曰猜疑。小青之精神拗戾，尚不至於癲狂程度，且其一般之自覺力亦不弱，亦不能到此地步。然誇大與猜疑之心理或行爲，則亦非絕對無有。

觀小青詩文，喜與歷史人物相比擬，甚至自認爲蔡琰王嬙之續。此可爲自大之證者一也。詩人以一己名字入詩句，甚不多覯，偶一見之，亦或用別名，或用官職：而小青詩中乃有『不獨傷心是小青』，『小青又續風流債』等句，既與一般詩格不合，且亦不類尋常女子口吻。　此可為自大心理之證者二也。小青詩又有『新妝竟與畫圖爭，知在昭陽第幾名』之句；與楊夫人書結尾處自稱『玉腕珠顏，行就塵土』，而不勝其悽愴怛悼；此皆自美之辭，可為自大之證者三也。　至猜疑一端，似亦不無左證。　大婦妒小青雖甚，遇小青雖劣，然竊疑其決不能如小青形容之甚。　小青移居孤山後，馮生『卽不甚相顧』，大婦至此而猶妒，豈非無的放矢？　且縱『奇妒』，諒不至必置小青於死而後快。　小青病中，擲藥不飲，有『吾縱不願人世，亦當以淨體皈依，作劉安雞犬，寧以一杯酖斷送』之語，此由大婦妒心促成者固半，恐由小青疑心促成者亦半也。

自大與猜疑二種心態，驟視之若與自我戀不甚相干；實則無此二者，自我戀卽難成立。何以言之？自我戀者之自大，非眞自大也，大其對象也。其自譽，非眞自譽也，譽其對象也。其猜疑人，非眞懼人之損已，懼人之傷及其對象也。戀愛者之對象不同，而其愛護之無微不至則一。自我戀者之對象不幸而爲自我，他人不知其有對象，更不識其對象之所在；而以自大與多疑之罪名歸之，強其負責，不亦誣哉！

餘論

餘論 一

小青故事，江浙間觀人風者具能道之。小家碧玉，遽因境遇之離奇，有人爲之作傳，爲之修墓，好事者並演爲傳奇；至今三百餘年，而滬杭兩地之歌臺舞榭尙有編排之爲新劇者：誠不可謂非韻事矣。

顧自來境遇離奇之女子多矣；騷人墨客，播諸聲詩，里巷輒傳，家絃戶誦，抑又何時何地無之？而不佞必欲以小青爲探討之資料者何也？容不佞申言之，作餘論一。

自來我國社會對於女子之態度，讀者知之諗矣。一言以蔽之曰：不諒解。教育階級中，拘泥之道學家以女子爲不祥，佻達之文學家以女子爲玩物；即女子自身，亦不惜以不祥之物可玩之物自貶；一般社會之視聽評論更不足道矣。一弱女子不幸而生長其間，偶有先天健可，發育得宜，合乎常態者，終至於反常變態，因而拗戾以死，其先天孱弱，發育失常者，尤不待論，彌可哀已。

佞嘗就清代女子詞選作一淺近之觀察*，覺中國女子之體力脆弱，精神鬱結者，爲數必大，而智識階級中之女子爲尤甚。

此其原因大都與性生理或性心理之不能自然發展有密切關係。

至其程度較深之種種慾性乖戾，非因迹近穢褻，不能形諸

*附錄二

筆墨，即因病態心理之原委複雜，為前人眼光所不及，十九未能見諸載籍；然取精神鬱結狀態之普遍而類推之，其數亦不在小。然則數千年來，『無端』淹忽之中國女子亦更僕難致矣；小青不過滄海之一粟耳。

小青不得當時社會之諒解，不佞前已申言之。 或曰，小青生前固無福，然死後榮哀，傳為佳話，至今孤山一抔土，過之者猶徘徊不忍去，謂非諒解不可也。 雖然，此為同情心所激發，與諒解無干。 哀其遇者未必知其心，謬以同情為諒解，從而為之說辭，斯為不諒解之尤；以前為女子舖張揚厲者，大都有此通病。 陳文述重修西湖三女士墓，一時歌詠紛紜，湖山為之生色，何嘗不是盛舉？　然一部蘭因集，繩以今日之眼光，並無一句中肯語；九京之下，小青有知，殆未必減其鏡潮鏡汐也；諒解云乎哉？　陳氏小青墓志有曰：『三更明月，錯認前身；一樹瓊花，自憐小影』，頗若猜出小青心病然；實則自昔文人舞墨，捉影捕風，故作虛無縹渺之語，以自詡爲解人者，所在而是。陳氏之文，又曷足貴，讀其墓志之全文而可知。　至今墓亭楹聯作『貞心……與孤山靜』，以貞心許小青，尤唐突不堪問矣。

女子不蒙社會諒解，而自身又不知如何調節，如何排遣，此尤可悲者也。　自來年長待字之女子，或已嫁而遇人不淑，或已嫁而早寡之婦女，有病癲者矣，有病瘵或其他虛弱之症者矣。

鄰里傳語曰：某姓女或某姓婦病癲或病瘵死矣。果耶？則病者死者不能自白，旁觀者更無由知之。試究其實，則性生活之愆期，缺乏，不適當，以致慾流淤積，神經錯亂，精血衰弱，初未必為眞正之癲病或結核性之癆症也。小青之半因瘵死，我輩固不能置疑。然變態心理與癆症有密切關係，精神病學者往往道及之，小青而無自我戀之變態生活，則癆疾或不能乘之，即乘之，亦不能如是之速其死也。女子有性的隱憂，或隱疾，大率諱而不言，非不欲言，無言之之覺力與毅力耳。小青與楊夫人書，力陳不能入禪門之故，其覺力與毅力已有足多者。以小青之覺力與毅力，尤不免侘傺以死，則無之者之生活不更將慘痛乎？

至如何糾正此種危局，則方法雖多，不在本篇範圍之內，不能縷述。改造社會對於慾性及性發育之觀念，實爲目前當務之急。觀念既趨正軌，然後性教育之推行得所指引，而適度之男女社交亦可實施而無危害。爲父母者，去其溺愛，則母戀中滯之現象即可隨之減殺。發育期內，女子之有自我戀之傾向者，大率因深居簡出，又絕少閨中良伴，致慾力之流，日趨淤塞；其行動略較自由，交友範圍略較擴大者，又多流入同性戀一途；是亦慾流之中滯爲之。是以女子教育興，而自我戀之機絕，男女同校與社交公開之制立，而同性戀之風衰。同一慾力活動，同一須有活動之對象，由自身而同性而異性，亦即由可能的變態而歸於常態；是則社會之慾性觀與性發育觀革新後必然之效也。

餘論 二

本論第三節中嘗謂自我戀爲一普通之現象，今請申言之，以實我餘論二。

顧影自憐者不乏自我戀之依據，固屬顯而易見。然亦有循行異性戀之方式，而其精神則完全未脫自我戀者；此則爲常人所不覺察。即覺察之，亦但知其爲特殊，而不知其爲變態；不特不知其爲變態，且以爲難能可貴焉。

未婚之青年男女，試與言擇偶問題，每曰，非理想之妻不娶，或非理想之夫不嫁；即，爲其偶者必合其心目中之若干理想的條件，否則寧闕無濫，寧爲玉碎，不爲瓦全。　未幾，某君與某女士，或某女士與某君，果以往還，論交，訂婚聞矣；試就而偵之，則其所論交而訂婚者果適符所願之人物也。　設一方略有文學之意趣者，則必發爲詩歌，滿幅皆爲贊頌之辭；設不能者，亦必強爲之，或與人津津道之不衰，一以美其所歡，一以自鳴得意。　我輩讀其文辭聞其稱道者固深豔羨之，然同時未嘗不疑何以世間理想之佳耦若是之多。

即以形態之美而論，試觀而驗之，則吾見猶憐者固時遇之，而姿首平庸，或不堪卒覩，或竟奇醜令人作嘔者，亦復不少。常人不明其所以然，僅僅以『情人眼裏出西施』七字了之，不加深究。使略有學識者解釋之，則曰，美感雖不無客觀之標準，而主觀之成分亦有之，其多寡因人而異。然以我輩觀之，所謂主觀者，亦不免失之姑且推諉，而未嘗解釋之也。

自自我戀之說出，此種不可究詰之『主觀』程度乃迎刃而解。夫理想者無他，自我之推也。何以言之？我人因實際生活之不洽意，往往假一已之意象爲之修正，爲之翻改；修正翻改後之事物，雖無客觀之眞實，而在其人心目中，其不失爲一種有體積之對象，其不失爲一種刺激，足以引起反動，則初無二致。且因其爲一己之『創作』，其人必從而愛之，護之，發揚光大之，唯恐不力。此種心理狀態，在青年時代爲多，至壯年或老年，與實際生活之接觸日多，青年時一氣呵成之空中樓閣乃風流雲散；所謂往事如夢境者，壯年視之若夢境，當初固不無心理之眞實也。

若是之心態之適用於文藝者，最顯而易見。若適用於思想，則成種種玄學觀念。若適用於社會改革，則其產果即爲各色之烏托邦或各種肊斷之主義。一人實其哲學理想，若其第二生命者，初看殊不易索解，然理想既爲自我之推，而一人對其自我又未嘗不能發生戀愛，則其以第二生命視理想，理有固然也。

至此種心態與戀愛生活之關係，則解釋尤易。青年人之於其情人，當其未得之也，則擬爲種種高遠之條件而加以景仰；既得而察之，則竟無一事不合其所理想者；於是移其崇拜理想之心崇拜其情人。然自旁人觀之，覺其情人殊無崇拜之價值，於是乃疑其所崇拜者，名則爲情人，實則始終爲其人自我所創造之理想，亦即其人自我之推廣；所不同者，即自得一異性之人物，其理想乃有所附麗；從此理想之魔力，有若鬼附人身而作威福之語，非被附者之自語也。

一人因自我戀之推廣，爲其「情人」舖張揚厲，精神分析論者稱之曰性的過譽(Sexual over-estimation)。不察者以性的過譽爲足徵戀愛之熱烈，從而揄揚之；殊不知熱烈即爲冷酷之先聲，近代婚姻問題之日趨紊亂者，局部亦此種熱烈之戀愛爲之也。

何以見之？　異性之對象爲一事，自我之理想又爲一事；如一人之心目中，始終認二事爲一事，即後者始終以前者爲附麗之物，則婚姻生活，未嘗不可維持於不敗。　然而未能也。　自我戀者，如因變態之程度日深，以至於不治，則若小青然；不然者，其程度必有減殺之一日。　其人年事日長，實際生活之經驗日富，其順應之能力日強，而其性心理日歸於常態：於是其向所崇拜之理想乃日即於消散！　主觀之蒙蔽既除，客觀之覺力即有用武之地；一旦如夢方覺，頓識其情人之本來面目——而失望隨之矣！若其人覺力特強，耐性獨厚，則亦安之，甚或從客觀方面體會其共同生活者之優點，而於婚姻生活力圖更始；不然者則有力者訴諸離異，無力者必致勃谿時聞，夫婦形同陌路。當日之崇拜愈深，用情愈熱烈，則此日之失望愈甚，是勢所必至者也。

附錄一

小青之作品

小青作品目次

古詩一首

雪意閣雲雲不流，舊雲竟壓新雲頭。
米顛顛筆落窗外；松嵐秀處當我樓。
垂簾只愁好景少，捲簾又怕風繚繞；
簾捲簾垂底事難？不情不緒誰能曉？
爐煙漸瘦剪聲小；又是孤鴻唳悄悄。

七絕九首

稽首慈雲大士前：
莫生西土莫生天；
願將一滴楊枝水，
化作人間並蒂蓮。

（一）

春衫血淚點輕紗，
吹入林逋處士家。
嶺上梅花三百樹，
一時應變杜鵑花。

（二）

春衫血淚點輕紗，

飛入林逋處士家。

—七絕九之二—

新妝竟與畫圖爭，
知在昭陽第幾名？
瘦影自臨春水照，
卿須憐我我憐卿。

（三）

西陵芳草騎驎驎，
內信傳來喚踏青；
盃酒自澆蘇小墓，
可知妾是意中人？

（四）

冷雨幽窗不可聽，
挑燈閒看牡丹亭；
人間亦有癡於我，
不獨傷心是小青。

（五）

何處雙禽集畫欄，
朱朱翠翠似青鸞？
如今幾箇憐文彩，
也向西風鬬羽翰？

（六）

脈脈溶溶灩灩波，
芙蓉睡醒欲如何？
妾映鏡中花映水，
不知秋思落誰多。

（七）

盈盈金谷女班頭，
一曲驪歌衆伎收；
直得樓前身一死，
季倫原是解風流，

（八）

鄉心不畏兩峯高，
昨夜慈親入夢遙，
見說浙江潮有信，
浙潮爭似廣陵潮？

（九）

寄楊夫人詩*

百結迴腸寫淚痕，
重來惟有舊朱門；
夕陽一片桃花影，
知是亭亭倩女魂。

*本在與楊夫人永訣書後，因體例關係，另錄於此。

詞一首

天仙子

上闋

文姬遠嫁，昭君塞，
小青又續——風流債；
也虧一陣黑罡風，
火輪下，
抽身快；
單單另另清涼界。

下闋

原不是，鴛鴦一派，
休猜做，相思一概；
自思，自解，自商量：
心可在？
魂可在？
着衫又撚裙雙帶。

襯花鈿紙上句

（稿殘）

聽盡懨懨春夜雨

無多也，

只得一半功天。……

盃酒自澆蘇小墓
可知妾是意中人？
——七絕九之四——

與楊夫人永訣書

元元頓首，瀝血致啟夫人台座下：

關頭祖帳，迥隔人天；官舍良辰，當非寂度；馳情感往，瞻睇慈雲，分燠噓寒，如依膝下，糜身百體，未足云酬。　姊姊姨姨無恙。

猶憶南樓元宵，看燈諸謔。　姨指畫屏中一憑欄女郎曰，『是妖嬈兒倚風獨倚，恍惚有思，當時阿青。』　妾亦笑指一姬曰，『此執拂狡鬟，偷近郎側，毋乃似姊？』於是角采尋歡，纏綿徹曙；寧復知風流雲散，復有今日乎！

往者仙槎北渡，斷梗南樓，狺語哮聲，日焉三至。漸乃微詞含吐，亦如尊旨云云：竊揆鄙衷，未見其可。夫屠肆婆心，臥貍悲鼠，此直快其換馬，不卽辱以當壚。去則弱絮風中，住則幽蘭霜裏，蘭因絮果，現業誰深？若使祝髮空門，洗妝浣慮，而豔思綺語，觸緒紛來，正恐違性雖胎，荷絲難殺：又未易言此也。

乃至遠笛哀秋，孤燈聽雨，雨殘笛歇，唧唧蛩聲；羅衣壓肌，鏡無乾影，朝淚鏡潮，夕淚鏡汐。今兹雞骨，殆復難支，痰灼肺然，見粒而嘔；錯情易意，悅憎不馴。

老母姊弟，天涯問絕。嗚呼！未知生樂，焉知死悲？憾促歡淹，毋乃非達？至其淪忽，亦非自今，結禱以來，有宵靡旦，夜臺滋味，諒不如斯；何必紫玉成煙，白花飛蝶，乃謂之死哉！

或軒車南旋，駐節維揚，老母惠存，如妾所受；阿秦可念，幸終垂憫。疇昔珍贈，悉令見殉：瑤鈿繡衣，福心所賜，可以超輪小刦耳。小六娘先期相俟，不憂無伴。附呈一絕，亦是鳥死鳴哀。其拙集小像，託陳嫗好藏，覓便馳寄；身不自保，何有於零膏冷翠乎！他時放船隄畔，探梅山中，開我西閣門，坐我綠陰床，彷生平之響像，見空帷之寂颸，是耶非耶，其人斯在。
嗟乎夫人，明冥異路，從此永辭，玉腕珠顏，行就塵土；與言及此，慟也何如！

——元元叩首叩首上。

小青作品勘異

本篇中小青作品，十九自陳文述蘭因集轉錄；張潮虞初新志**中亦載**有小青『焚餘』草之全部，惟字句間略有出入，並錄於左：

古詩——第九句，『鑪煙』作『壚煙』。

七絕九首——

第一首，『化作』作『洒作』；張岱西湖夢尋作『灑作』。

第四首，『內信』作『內使』。

第五首，『不獨』作『豈獨』。

第八首，『金谷』作『金玉』。

又，『驪歌』作『驪珠』。

寄楊夫人絕句——蘭因集中支傳後無此絕句，僅見虞初新志。

詞天仙子——

上闋末句，『單單另另』作『單單別別』。

下闋第二句，『猜做』作『算做』。

與楊夫人永訣書——

『元元頓首……座下』，據虞初新志本補。

第一節，『姊姊』作『娣娣』。

第二節，『元宵』作『元夜』。

又，『毋乃似姊』作『毋乃似娣』。

又，『於是』作『于時』。

又，末句，『復有』作『遂有』。

第三節，『婆心』作『菩心』。

又，『臥貍』作『餓貍』。

第四節，『唧唧蛩聲』作『謖謖松聲』。

又，『朝淚』作『晨淚』。

又，『姊弟』作『娣弟』。

又，『問絕』作『間絕』。

又，『嗚呼』作『嗟乎』。

又，「毋乃」作「無乃」。

又，「毋乃非達」句後，張山來本中尚多數句：

「妾少受天穎，機警靈速；豐茲嗇彼，理詎能雙？

然而神爽有期，故未應寂寂也」。

第五節，「所受」作「之受」。

又，「瑤鈿」作「寶鈿」。

又，「福心」作「福星」。

又，「小六娘」句首尚有「然」字。

又，「鳥死」作「鳥語」。

又，「拙集」作「詩集」。

又，「隄畔」作「隄下」。

又，「彷生平之響像」作「彷生平於響像」。

第末節，「從此永辭」作「永從此辭」。

「元元叩首叩首上」，據張山來本補。

白堤

孤山頂

放船隄畔，探梅山中。

——與楊夫人書——

附錄二

女子作品與精神鬱結

女子作品與精神鬱結

如今猜透：

春愁離恨

總是詞人分。

——清女詞人李道清青玉案詞句。

讀女子作品，每訝其辭意之消極，而未敢必其消極之程度也。

五年前偶見近人畢振達選鈔之清代女子詩餘，題曰銷魂詞，都九十五家，爲詞二百三十四首。每閱一首，輒錄其意涉消極之字或名詞，並志其所見之頻數。爲便於參攷計，復歸納之爲（一）刺激，（二）有機狀態，（三）情緒狀態，（四）反動與行爲四類。

（一）刺激

人
- 空虛……二七
- 天涯……二四
- 深院……一一

- 更深 宵 暝 夜
- 晚 莫 黃昏
……一二四

- 涼 冷 寒……八五

墜落……一七

消銷……一七

淡澹……一五

褪……六

減……六

凄清　凄切　凄涼……二七

蕭條　寥寂

岑寂　寂寞……二〇

共……九一四

（二）有機狀態

(三) 情緒狀態

愁…………………………一二一
可憐惜…………………………四六

｛無賴 無聊…………………九
瘦小…………………………三〇
｛病 憔悴…………………二五
｛憔悴…………………………一一
｛憊憊…………………………三
共…………………………一六七

惱嫌憎
厭怨恨……五六

怯怯怕……三〇

銷魂……三〇

斷腸 腸斷……二八

別情 離緒……二七

痛傷……二〇

共……三四九

（四）反動與行爲

掩閨　掩窗
掩屏　閉簾攏……………………一〇
共……………………………九〇

總計　一六二〇

詞凡二百三十四首，以二三四首除一六二〇，則平均每首得六・九字，約七字。如以四類字分別除之，則刺激類平均每首得三・九字；有機狀態類平均每首得〇・七字，或每一・四首有一字；情緒狀態類平均每首得一・五字；反動與行為類平均每首得〇・八字，或每一・二首有一字。

二百三十餘首詞中，意義消極之字竟在一千六百以上，不可謂不多矣。其所以多者，可有數說。其一爲不佞之成見。不佞之翻閱銷魂詞，意欲坐實中國女子鬱結狀態之普遍，故但知摘錄與鬱結狀態有關之字，其他則不在注意範圍之內；若與全般以公允之觀察，安知春夏氣之字不較秋冬氣者爲多乎？雖然，詞調之最短者十餘字，最長者約二百四十字，塡詞者大都取用較短之詞調，大約以六七十字左右者爲最通用；今案頭無銷魂詞原書，否則當爲之一計字數；無已，姑假定每首平均字數爲七十，當無大誤。然則每七十字中而有意義消極之字六•九，即約得十分之一，亦即不可謂少矣。

第二說爲選詞者之成見。選詞者或爲意態消極之人，其選詞也，難免不受此種意態之支配；安知未入選之作品，不多辭氣積極者乎？　不佞不知選詞者爲何如人，對此自不能解答。　雖然，李道清詞不云乎：『春愁離恨，總是詞人分』？　春愁離恨，是詞人分，恐亦是選詞人分；其以『銷魂』名其選本者，非無以也。

第三說爲作詞者之體氣虛弱與精神鬱結。　唯其體氣虛弱，故平時每覺『慵』，『懶』，『困』，『倦』。　及遇有比較強烈之刺激，卽覺『不勝』，『不禁』，『不堪』，『無奈』，『無計』。甚者且『懨懨』成『病』，而『瘦』比黃花也。　唯其體氣虛弱，精神鬱結，故其應付環境中之刺激時，有特殊之選擇；

若者宜容受，若者宜避免，其有機狀態每預爲之地。刺激有屬空間者，有屬時間者，有屬氣候者，有屬天然景物者，有屬事物之動靜狀態者：要唯消極者是受。又唯其生理與心理狀態之特殊，故其發爲情感與反動亦多消沉閉窒：一箇愁字多至一百十餘起，即平均每二首必有一字；啼，哭等字凡五十八起，平均每四首必有一字；而鎖門，掩閨，閉簾攏等幾成詞人日常生活中富有意味之活動，則尤可注意者也。

女詞人精神生活之不積極，局部或爲我華種族之體質使然。西人謂中國人生理的消長作用較歐西各族爲平和，即身體熱力之聚散率較他族爲遲緩。約二三年前，有留學美國之中國女士數人，嘗受消長率之測驗，結果確定其爲較歐西女子者爲低。然此爲種族生理之常態，不足以完全解釋詞人之精神狀態也。又人有出性消極或悲觀者，詞家或不無如此出性之人；但決不能九十餘家悉數如此，至多不過其一小部分耳。　性發育與性生活之慾期，缺陷，與不適當，或可與我輩以比較概括之解釋，其議論大要，已見小青之分析本論中，不再贅。

附錄三

絳縣陳玉秀詩

絳縣陳玉秀詩

草小青之分析稿既竟，偶翻山右詩存，見有絳縣陳玉秀女士題自寫小照詩四裁句，頗涉與小青有同病之嫌。亟錄之以供參考。

閨中無處寄愁思，
點染春容學畫師；
無限衷情描不盡，
幾番相對淚參差。

燕霞滿樹落胭脂，
彷彿桃源境在茲；
最是一番腸斷處：
淡粧無語背人時！

苔痕踏遍步難移，
何處東風拂面吹？
小立階除春寂寂，
可憐形影自相隨！

輕消一幅展蛾眉，
疑自粧臺鏡裏窺；
誰識紅顏眞面目？
只今惆悵寫新詩。

第一首中之『幾番相對淚參差』，第三首中之『可憐形影自相隨』，第四首中之『疑是粧臺鏡裏窺；誰識紅顏眞面目』？等句皆不無啟人疑慮之處。作者詩才雖不若小青，而氣息之相似亦有可言者。

山右詩存稱女士爲候補通判賈某側室；工詩善琴；歿時年二十四；詩草散佚，上引四章係從畫軸錄取云。